青春文庫

「めんどくさい人」の心理

トラブルの種は心の中にある

加藤諦三

青春出版社

はじめに

長い人生でトラブルがないということはない。どんなにトラブルを避けようとしてもトラブルは起きる。人間関係のトラブルは避けようとして避けられるものではない。生きている以上トラブルは起きる。何もないということはない。

人間関係のトラブルにもいろいろな種類があるだろう。

会社の仕事上のトラブル、敵とのトラブル、仲間に裏切られるトラブル、嫉妬がらみから生じる恋のトラブル、親族の間のトラブル等々。

そのトラブルの一方の当事者であるこちらの性格によっても異なる。こちらがコミュニケーションがうまくできないが故に生じてしまうトラブル、コミュニケーションが普通にできても生じるトラブル。

トラブルが次々に起きる。なぜか分からないが自分の身の回りに次々にトラブルが起きる。なぜか？

煽《あお》られて大トラブルに巻き込まれる人がいる。実は事は起きていなかった。それなのに人を煽る人はトラブルが起きているように見せる。

元々トラブルなどないのに、わざわざトラブルを起こす人がいる。マッチポンプと言われる人がいる。たえずトラブルを起こすトラブル・メーカーがいる。そういう人は自分の居場所作りをしているのである。

それは煽る人である。焚《た》きつける人である。

彼らはたえず周囲にイザコザを起こすことで、自分の居場所を作っている。イザコザが起きればその仲裁役のような顔をして、実際には周囲の人の対立を悪化させる。

そうすれば自分の役割が重要になる。

とにかく人を煽る。周囲の人間関係を壊して、皆がうまくいかなくなることが生きがいの人がいる。

いじめで心の傷を癒すのと同じである。

不安な人は「悪魔のささやき」に乗せられて、憎まなくてもいい人を憎み、複雑な人間関係になってしまったのである。

ずるい女の「悪魔のささやき」に引っかかって根こそぎ財産を持っていかれる男もいる。

「晩節を汚す」人というのはたいてい「悪魔のささやき」に引っかかった人である。それまでの長い人生の努力は水の泡になった。

こうしてトラブルはどんどん大きくなっていく。

まずトラブルの原因が相手側にある場合。これをまず第1章として取り扱った。次にトラブルの原因がこちら側にある場合がある。これを第2章として取り扱った。すべての人が同じようにトラブルに巻き込まれ、周囲の人からひどい仕打ちを受けているわけではない。トラブルに陥ってしまうのは、自分の側にも何か問題があるからかも知れない。その考察がなければトラブルに巻き込まれ続けることになる。

トラブルの中には原因が外側にあるのではなく、実は自分の心の中にあるということがある。しかしこの心の中は見えない。

自分の心の中にトラブルの原因があることに本人は気がつかない。

その問題を第2章で取り扱った。つまり「自ら災いを招くな」ということである。実際に、自分はトラである。しかし本人は自分をネズミと思っている。そして相手はネコと思っている。

これで二人が接していればトラブルは起きる。トラブルが起きないほうが不思議である。

トラが自分をトラと思い、相手もトラをトラとして見ていれば、トラブルは起きない。

人間関係でトラブルを起こす場合には、お互いに自分自身も相手も見えていないことが多い。

本当に利害が対立して、トラブルにならなければならないものであるなら、仕方がない。

しかし世の中の多くのトラブルは必ずしもそうではない。

現実の世の中で生きている以上、トラブルは次々起きてくる。

職場をはじめ、家庭でも、学校でも、地域社会でも、どこでもトラブルを起こす人は、やはりその大きな原因が自分の心の中にあるという反省をする必要があるだろう。

トラブル続きの人にはやはりいくつかの共通性がある。

人間関係でトラブル続きの人の中には一面的な視点の人が多い。

そして第3章として、解決のことを考えた。トラブルが起きたときの対処の仕方である。

人生ではトラブルは次々起きる。大切なのは問題の解決能力。

問題の解決能力をどう発展させるかが第3章である。

トラブルのない人生なんてない。問題はそのトラブルをどう解決するかである。その解決の仕方で人生の価値は決まる。

何にも悪いことをしていないのにトラブルが起きる。

うまくいっているカップルが急に壊れる。冷たくなる男性に驚く女性。

そこで大切なのは「こと」が起きたときの対処の仕方である。対処する自信がないことが「こと」を大きくしてしまう。

最後の第4章では、具体的に問題解決を可能にする考え方、発想について「コンストラクト」と「マインドフルネス」という二つの概念を説明した。

独善（独断）主義に反対した心理学者のケリーと、マインドフルネスという概念を用いて介護健康等々で様々な業績を上げているランガー教授の二人である。

ケリー教授とランガー教授のどちらにも言えることは、二人の理論が人間関係を円滑にし、人生を生きやすくするということである。

人間関係のトラブルを解決するのにこの二人の教授から学ぶことは多い。

だから今の悩みはツケだと認識できれば、苦しみは半減する。

生きている以上トラブルは起きる。何もないということはない。そこで大切なのは「こと」が起きたときの対処の仕方である。

あちこちでトラブルを起こしている人は、自分の心の中に敵意が隠されていることに気がつくことである。

あるいはいかに自己執着が強いかを知ることである。

幸せとは問題のないことではない。それを扱う能力である。

問題を解決していくことで人間の幅ができてくる。人間が人間として生きていくには奥行きが必要である。その奥行きとか幅というものが問題を解決していくうちにできてくる。

アメリカの心理学者セリグマンは、「問題解決で自信ができる」と言っている。そして自信ができるから問題解決が可能になる。

問題解決と自信は好循環していく。逆は悪循環していく。

加藤諦三

目次

第1章
なぜ、あの人はいつもトラブルを引き寄せるのか

第4章　人生の困難を成長の糧にする「新しい自分」のつくり方

装画　石橋優美子

第1章
なぜ、あの人はいつも
トラブルを引き寄せるのか

1 あなたを悩ませる「隠れトラブル・メーカー」とは

「自分の居場所がない」からトラブルを起こす

たえずトラブルを起こすトラブル・メーカーと言われる人がいる。

ただトラブル・メーカーに二種類の人がいる。一つは誰が見てもすぐに分かるような人である。

あっちもこっちも攻撃する。あっちの人の悪口を言い、こっちの人のあらを探し、四六時中不満をまき散らしている。

こういう人は何をしても文句を言う。

こういう人にからみつかれたら大変である。排気ガスをまき散らすような人である。

ただ、たえず大声で人を批判しているような人は分かりやすい。

この節で取り扱うのはそうした目に見える分かりやすいトラブル・メーカーではない。

悪意や欲求不満が隠されている人達である。相手に向かって直接罵倒するような人達ではない。

彼らはたえず周囲にイザコザを起こすことで、自分の居場所を作っている。イザコザが起きればその仲裁役のような顔をして、実際には周囲の人の対立を悪化させる。

そうすれば自分の役割が重要になる。

とにかく人を煽《あお》る。周囲の人間関係を壊して、皆がうまくいかなくなることが生きがいになる。

いじめで心の傷を癒すのと同じである。

自分の居場所がないから騒動を起こす。トラブルが起きれば、皆が自分に頼ってくる。周囲の人を対立させて、自分の活躍の場を作る。

周囲のある人の悪口を言う。「あなたのことをあの人はこう言っていた」と告げ口をする。対立が始まる。

そして自分の居場所を作る。会社でも学校でも血縁組織でも、人を煽ってどこでもイザコザを起こす人がいる。

マッチポンプと言われる人がいる。そういう人は居場所作りをしているのである。

自分が周囲の人間関係を壊していながら、それを自分が改善しているような顔をする。

相手が自分を求めさせるようにしている。トラブル・メーカーは求められるのが好き。

そういう人は居場所がない。はたから見ていると意味がないことをしているように見えるが、本人にとっては意味がある。

トラブル・メーカーは人に恩を与えているようだけれども、最後に恩恵を被《こうむ》っているのは彼のほうである。被害を受けているのが周りの人のほうである。

心理的に健康な人は「静かにしていられるのになんで？」と思うが、煽る人は自分の居場所がない。そこで欲求不満で攻撃的になっている。

心は半分火傷《やけど》をしている。

今の日本社会は居場所のない人が増加する社会である。

親族や地域のトラブル・メーカーは会社以外に役割がなかった、そういう人が定年退職して騒動を起こすことがある。それは自分の居場所を作っているのである。職場から家族や地域に帰って居場所を作る。

家族の中で居場所がなくて居場所を作ろうとすると家族が大トラブルになる。

「あなたさえ幸せになればお母さんはそれでいいの」というようなモラル・ハラスメ

ントがそれである。

あるいは子どもにものすごい期待をかける。

人の不幸を作り上げて、その中で幸せを感じる。リーダーシップを握れる。とにかくトラブル・メーカーは人から求められるのが好き。

トラブル・メーカーは人が自分を求めるように、周りの人を巧妙に操作している。

必要以上に「事を荒立てる」心理

会社を定年になって充実した毎日を送って幸せそうな人がいる。心の安らかさとはこういうものだろうという良い人相をした人がいる。

逆に定年になって家にもどこにも居場所がない人がいる。そういう人は、地域社会で、隣人を煽ってもめごとを起こす。もめごとが起きれば、皆が自分を必要とする。

自分の居場所のあるところというのは、自分の役割のあるところである。

父親が家に居場所がない。家で役に立たなければ家族にもめごとを起こして自分の役割を作る。

もちろん温かい家庭は役割がなくても自分の居場所がある。役割がなくてもいづらくない。

出世をすれば会社で居場所がある。だからビジネスパーソンは出世をしたがる。

うつ病者は役割アイデンティティーが強いという。それは彼らが役割がないと、どこにも居場所がないということである。

役割がなくてもいられるのが心温かい場所である。本来の共同体というのは役割がなくてもいられる集団のことである。

しかし今や家庭までもが本来の共同体ではなくなった。

こんな人に悩み相談をしてはいけない

トラブル・メーカーのどこが問題か、表面的には何も問題ではない。

彼らと関わらないために、何をすればいいか。

自分が恐れることを整理する。

楽しみは誰に話してもいい。

しかし恐れているときには違う。

自分が何かを恐れているときには、憎しみの感情を持っている人と接しないことである。憎しみの感情を持っている人と話してはならない。

怖いことやイヤなことを話すと、それを増幅するようにする人がいる。そういう人との会話が恐ろしい。

逆に会話で心の恐れが解決することもある。心の安らかな人との会話である。

恐れや心配は、誰に話すかで決定的な違いを生み出す。

「この人には心配事を話してはいけません」という人がいる。

恐れを自分の中に抑えていると疲労困憊《こんぱい》する。

恐れを抱えているとエネルギーをなくす。

しかしそれでも自分の心配を、怒っている人に話してはいけない。

常にトラブルを起こしている人には、心配を話してはいけない。

怒っている人、憎しみの感情を持っている人は、相手の感情を共有しているふりをして、相手の不安を煽る。

「居場所のない人に、不安や心配事を話してはいけない」

あなたは煽られてもっと不安になるだけである。

感情を共有してもらっていると思うが、実は弄《もてあそ》ばれているだけ。

あなたは煽られて、事態の解決ではなく、事態をもっと深刻にする。重大でないことを重大なことにしてしまう。

煽られて、より不安になって行動して失敗して傷を深くする。それが煽られた人。

居場所のない人は、不安な人を煽ることで、自分の居場所ができる。

もめごとを起こすことが生きがい

居場所のない人に心配事を話したら、事態は悪化する。居場所のない人はもめごとを起こすことが生きがいである。

定年退職をして居場所がない。家庭にも、地域社会にも、新しい役割がない。

こういう人が居場所を作るためには、自分のいる場所でもめごとを起こすのがよい。

家庭に居場所がない親は、息子の離婚で元気になる。

ある退屈している父親が輝いたのは息子が離婚のときだけである。それは自分の出番があるから。

そういう人は人を対立させる。

友達が少ない。ただ本人は「いる」と思っている。

トラブル・メーカーは不幸が好き。人の不幸で自分の憎しみが消えるから。

息子の離婚で、喜んでいる父親。その父親は妻に怒りを向けられない。心理的に怖いから。

妻は知って見ぬふり。これはひどい人。

父親は憎しみがあるから、不幸が好き。

「さー、私の出番」となる。「さー、大変なことになった」と騒ぐ。

娘の不倫騒動で高揚する母親がいる。家は乾いた宴会。家族の心の中は乾いている。

娘の不倫騒動が嬉しいけれど躍動感はない。こういう母親は騒ぐけれども生きる活力がない。


人を見ないからトラブル続きの人になる。

「ここはこうしたほうがいいよ」は、こちらが相談しに行くときの話。何も相談していないのに「ここはこうしたほうがいいよ」と言ってくるのはトラブル・メーカー。

トラブル・メーカーは人の不幸の話を待っている。

憎しみのある人が乗る話は、不幸な話。


人は何で居場所がないのか？

実は居場所はあるのに、自分がないと思っている。

自分は敵だらけの場所にいると思っている。

「俺はこんなに働いているのに、皆の態度は何だ！」という恨みの気持ちがある。自分が恨み骨髄である。その憎しみを周囲に投影して居場所をなくしている。居候《いそうろう》気分になる。

そういう人にとって居場所は、何か役割があること、皆から頼られることなどである。

そういう人にとっては、人から頼られることが価値。必要とされることを必要とする人である。

自分はここで必要とされていないと思うのは、憎しみがあるから。

「好きなことをしてよかった」で自分の価値がある。

しかし必要とされることが価値と思う。

愛されないと、騒がれないと居場所がないように本人が感じる。

そういう人は「すごい心配なんですが」と誰かが来れば、喜んで、「あの人が、こう言っていたわよ」と周囲にふれ回り始める。

自分の感情を話したほうがいい場合もあるし、黙っていたほうがいい場合もある。

怒りを表現するときには「誰に」ということを考えなければいけない。

怒りの感情を出したら元に戻らないことがある。

怒っている人は傷ついている。

「私なんか、いつも傷ついている、でも頑張っている」と言う人もいる。

その人が頑張れるのは、自立しているから、エネルギーがあるから。

「悩んだら、人に話しなさい」と言うが、話して悩みが半分になる人と、倍になる人といる。

「話す相手を間違えるな」がトラブルを避ける原則である。


生きるエネルギーが足りないと、頼る相手を間違えてしまう

誰に話すかと、もう一つ大切なことは、自分の側にエネルギーがあるかないかである。

エネルギーのないときにトラブル・メーカーに話すと、よけい落ち込む。

エネルギーがあるときには、ヒントになる。

この二つが大切。

いつも悩んでいる人は相談する相手を間違える。癒されたいから。

社会的な問題で間違えない。どの弁護士に頼るか。問題の焦点が絞られている。

地震が来た。煽る人といると、判断力が鈍る。訳が分からなくなる。

自分に生きるエネルギーがないときも動揺する。煽る人に頼ってしまった。

憎しみのある人は相手を煽って騒ぎが大きくなることが楽しい。

彼らはいかにも同情するフリをするが、心底相手のことを思っていない。

相手がうろたえるのを見るのが嬉しい。

感謝をされるのも嬉しい。もう一つ、相手が落ちていくのが嬉しい。トラブル・メーカーはこれを両方とる。

トラブルのときにはいつも「あの人」がいる。そういう人が疑わしい。乗ってはいけない。

“扇動”に乗ってしまう心のカラクリ

煽るほうは居場所がない。

煽られるほうは妬みがある。煽られるほうは怒りや不安がある。扇動《せんどう》政治家は誰を煽るか。

ナチスを考えると分かる。当時のドイツの下層中産階層は不満だからナチスに煽られた。宣伝相ゲッペルスは煽りの天才だった。

トラブル・メーカーに聞いてもらっているうちに一の怒りが百になっている。とにかくトラブル・メーカーは周囲の人を引っかき回す。

煽られるほうは被害を受けても注目されているほうがいい。いつも体調が悪い。煽る人の言うことは事実でも、真実ではない。

煽る人の言うことは事実だからつい信じてしまう。しかし事実はたくさんある。人を騙すときには事実を述べるのがよい。ただそれは多くの事実の中から選択された事実である。

例えば蛤《はまぐり》という貝類がある。「蛤は健康によい食物である」と言われる。

蛤には、鉄分、カルシウム、亜鉛、マグネシウムなどのミネラルが豊富である。しかも脂質や糖質が少なくない。そのうえ低カロリー。

これらはいずれも事実だが、塩分が多いのも事実である。このことが書かれていないと、蛤は完全な食べ物と錯覚してしまう。

つまり塩分のことを書くか書かないか、あるいは他の食べ物との比較を書くか書かないかで蛤の健康食品としての価値は全く違ってくる。

同じ葉でも、葉の表と裏では違う。

煽られるほうは、自分にとって都合のいい事実を信じる。つまり真実ではない事実を信じる。

煽る人はウソではないウソをつく。もう一度言う。煽る人の言うことはたとえ事実であっても真実ではない。

「トラブル・メーカー」につい関わってしまうのはなぜか

トラブル続きで物事がうまくいかないときには、関わった人が悪い。

その人の言葉で動くからトラブルになる。

とにかく「その人がいるとトラブルが起きる」と言う人がいる。

間に入った人の言うとおりに動いたらトラブルになる。

便利だからついその人に頼る。そこでトラブルになる。

エネルギーがないときには、面倒くさいからつい便利な人に頼ってしまう。

一人でいるのは淋しい。でも新しい人と会うのは面倒くさい。

トラブル・メーカーは麻薬みたいなものである。その場は楽になる。接するのがその場では楽である。エネルギーがいらない。

しかしそうしていると、どんどんトラブルは深刻化していく。

トラブルになったときには、面倒くさくても直接相手と交渉する。

トラブル・メーカーはいろいろと画策する。したがって、トラブル・メーカーと接していると楽だけれども本当のところは分からない。

そしてトラブル・メーカーと接している人は、自分が今トラブル・メーカーと話しているということに気がついていない。

トラブル・メーカーは会社内でも人と人を対立させる。

皆が対立すると、その人の居場所ができる。皆が話しかけてくれる。自分が大事にされる。

こうしてトラブルはどんどん大きくなっていく。

自分の身の回りに次々とトラブルが起きるか？

もしそうなら誰かが問題の人である。

トラブル・メーカー本人はトラブルが心地いい。

愛の仮面をかぶって人を傷つける「モラル・ハラスメント」

トラブル・メーカーで最も分かりづらいのは、愛の仮面をかぶって登場するトラブル・メーカーである。

愛の仮面をかぶって登場する憎しみがある。

「あなたに幸せになって欲しいのよ」等と言って、絡《から》んでくる人がいる。向こうからトラブルを持ってくる。

こちらが「ほっといてくれ」と思っているときに関わってくる。「関わらないでくれ」と思っている人が絡んでくる。

私はこれを「モラル・ハラスメント」と言っている。

このように憎しみが愛情の仮面をかぶって登場することがある。これが最も始末が悪い。

敵として登場してくる人はまだいい。逃げるか、戦えばよい。お互いの関係はハッキリとしている。

しかし憎しみが人間関係で愛情の仮面をかぶって登場する場合には、相手は敵として登場してくるのではない。表面的には味方として登場してくるのである。

味方として登場してきて、関係者の人間関係をメチャクチャにする。

彼らのすることを表現するなら、「引っかき回す」という表現が適切な場合がある。

その周囲の人達の人間関係をいよいよ対立させる。それは愛情の仮面をかぶっている憎しみの人が、「引っかき回す」ことで自分の居場所を作ろうとしているからである。

皆が対立すれば、その中で調整役としての自分の居場所ができる。周りを対立させて、自分の位置を作る。自分がいよいよいなくてはならない人物になる。

定年退職をして時間を持てあまして隣近所の地域のトラブルに首を突っこんでくる人がいる。そして周囲の人達の対立を深刻化させる。

そうして自分の位置を作る。

働き盛りの人でも、憎しみが愛情の仮面をかぶって登場する人は、そういう定年退職をして時間を持てあましている人と同じである。

それを考えると定年退職をして時間を持てあまして退屈して朝からお酒を飲み、アルコール依存症になるなどという人は質のいい人達と言ってよいのだろう。

人に絡むことで自分の心の葛藤を解決しようとしていない。

憎しみが愛情の仮面をかぶって登場する人は、自分の心の葛藤に気を奪われて、それを解決することしか考えていない。しかも自分の心の葛藤に気がついていない。

無意識では憎しみの塊であっても、意識の上では愛の人なのである。

自分が、自分の心の葛藤を解決するために人に絡んでいるとは思っていない。自分は立派なことをしていると意識している。だから周囲の人はたまらない。

彼らは自分の心の葛藤を解決するために人に絡むのである。「あなたに幸せになってもらいたくて」と言うが、心の底は憎しみの塊である。

そして自分の心の葛藤に気を奪われているから、こちらからはその人の心の中が丸見えであることに気がついていない。

憎しみが愛情の仮面をかぶって登場する人に接したときに、普通の人は「ぞっ」とする。

しかし不安で淋しい人はこの仮面に騙されやすい。そしていよいよ心理的に消耗し、いよいよ不幸になっていく。

憎しみが愛情の仮面をかぶって登場する人は、自分の心の底に気がついていない。自分が無意識にある憎しみに突き動かされているということに気がついていない。

自分が仮面をかぶっているということに気がついていない。

怖いのは、自分の位置を守るためのウソ

トラブル・メーカーとはしばらくしゃべらない。すると相手から言ってくる。向こうでやましさが出てくる。向こうから「こうしましょう」と言ってくる。

問題が起きると、誰かがトラブル・メーカーだと想像する。するとその推測に反対

する人がいる。

「その人がウソをついてもメリットないでしょ。彼にウソつく理由はない」と言う。

しかし人は自分の位置を安定させるためにウソをつく。その人がその立場を作るためにウソをつく。

弁護士や検察や裁判官はよく「あの人には利益がないから、あの人はウソはついていない」と言う。

こうした弁護士や検察や裁判官は、「誰が得しましたか?」という発想である。「誰が悪い」という発想ではない。

自分の位置を守るためのウソというのが恐ろしい。

トラブルが起きてくれれば、その人の地位が安定する。それがその人の心の位置。

それは現実のポストではない。心理的なポストである。それは心理的な安定感であって、制度的に安定した地位ではない。

心理的に問題の人がトラブルを起こす。そうすれば、「その人がいなければならない」ということが生じる。実はその人が、トラブルを起こしている。

つまりトラブル・メーカーは、その心理的に問題の人を刺激してトラブルを起こしている。そうして自分を周囲の人にとって必要な人にしていく。

トラブル・メーカーから心理的に逃れるには

母親が問題の人である。子どもが学校で問題を起こす。すると母親は学校の責任にする。そして父親を焚《た》きつける。父親は学校に抗議に行く。

しかし父親は恥をかいて帰ってくる。うまくいかないことを今度は、母親は塾の先生のせいにしている。

父親はだんだんと学校とも塾の先生ともうまくいかなくなる。

父親は憎しみから、こうして母親の中傷・悪口にのる。父親が自己不在。

憎しみのときには不運が来る。

楽しいことをしていると逆に運が来る。笑う門には福来たる。

オオカミの顔をしたオオカミはいいけれども、怖いのはヒツジの顔をしたオオカミである。

しおらしくすると「あー、大丈夫だなー」と舐《な》めると、どこかで心を許す。しかし相手はオオカミ。

トラブル・メーカーと関わり合うことの悲劇。

トラブル・メーカーをうまく扱えないのは、こちらにユメがないから。楽しみがないから。

ではどうするか？

「こういう人のために、いろいろなことと関わり合って時間を取られて自分のユメを実現できないのは嫌だな」と思えれば、トラブルから脱出できるチャンスが来る。

そういう人達は、相手がピンチに陥ったときに高揚する。

こちらが窮地に陥っているときにトラブル・メーカーはものすごく元気になる。高揚する。

相手が窮地に陥ると本性を出す。牙をむき出す。

ターゲットは固有の個人ではない。誰であっても自分と関わった人がどん底に陥るのが嬉しい。

トラブル・メーカーが高揚するのは心に憎しみがあるから。

悪口を言って人間関係を操作する

いつも人の悪口を言う人がいる。

ことに二人のときに、のべつまくなしに人の悪口を言う。「担任の先生がね」と悪口を言う。そうすると、自分の怒りが担任の先生にいってしまう。

自己不在の人は、その人を好きでないけど蜜月になる。ヒステリー性格の人とナルシシストが一緒になるようなものである。

悪口を言う人は表面的には犯人ではない。人の悪口を言っているから表面的には被害者に見える。

しかし犯人である。その人がいるとトラブルが起きる。

その人がいると必ずもめごとが起きる。

こういうトラブル・メーカーは小金を貯める。細かいお金を貯める。つねにお金のことを考えている。

贈り物は張りぼて。

しかし自分のものにはお金を使う。

表面はきちんとしている水商売。

過剰な反応をする。過剰にいい顔をする。

怯《おび》えとか、考え方とか、不信感とか、そういう心理が「こと」を大きくしてしまう。

自分が怯えていると人が攻撃的に見える。力のない人が、力があると見えてしまう。

ネズミでも大きなネコに見える。

そこで騒がなくていいものを騒いでしまう。

周りからは分からない、巧妙な「いじめ」の構造

意地悪をするのは、自分が話題の中心になりたいからである。

先生が真剣に教えると、真剣にならなくて意地悪をする生徒がいる。

また自分の意地悪がばれないという自信のある人がいる。周りには分からないように、意地悪をする。

意地悪をする人は相手を殺さない。殺すと意地悪をする相手がいなくなる。

「俺達は、先生なんかに分かるようないじめはしないよ」と言った成績優秀な大学生が何人もいる。

彼らは周りの人から感づかれないために明るく振る舞う。真面目に振る舞う。そして人気者になろうとする。

自分がいじめようとする相手に「一緒に闘おうよ」と言う。

そして一緒に向こうの悪口を言う。するとその悪口を知って、向こうが反発する。

反発するから、彼にとって向こうの人はイヤな人になる。

向こうの人は、いじめられる人にとってトラブル・メーカーがささやいたとおりの人になる。

巧妙にいじめる人は、一番自分の懐にいる人をいじめる。いじめられている人にとって、自分をいじめる人だけが味方になる。

なんだか知らないけど、そこにトラブルが起きる。その人がこれ。その人がいじめをしている。

トラブルが起きたときに、「全くこの人ではない」と思う。しかし何かトラブルのときにはその人がいる。

弟の嫁が義理の姉をいじめる。姑を含めて皆が集まると、義理の姉のお椀だけはない。

「あなたは料理をしないから、野菜あげない」と姑が言う。すると弟の嫁が陰で義理の姉に「無理してこなくていいよ」と言う。義理の姉にとって、弟の嫁は「いい人」になっている。

姑が悪い人になっているが、姑は弱い人で弟の嫁に気を使っているだけ。

この親族を引っかき回しているのは弟の嫁である。

もちろんすべてがこのような構造になっているという意味ではない。

2 もめごとに巻き込まれやすいのは「人を見る目」がない心理状態

緊急時に助けに来てくれる人は誰？

人生でトラブル続きの人は、「自分が緊急のときに誰が来てくれるか」を知らない。知ろうともしない。

自分の人生で誰が大事な人かが分からない。

この人が自分にとって大事かどうかを判断できない。

この友はこういう友達として大事にしよう。

トラブル続きの人にはそういう態度がない。

その場で自分が得する人にだけいい顔をする。

深刻な劣等感のある人は、例えばその場にいる人にお金をばらまく。たとえばやたらに人にご馳走する。しかし劣等感からお金をばらまいている人は、周りにひどい人が集まる。

だからお金があっても人生がトラブル続きなのである。

トラブル続きの人は後先を考えないでその場が楽なことをしてしまう。その場でのいいことをしてしまう。

その態度を直すということは理屈としては簡単だけれども、心の中を考えると根が深いものがある。

人の心の葛藤は人間関係のトラブルという形をとって表面化する。

もっと言えば人間関係のトラブルの一番深いところにある根は、その人達の依存心である。

だからこそ人間関係のトラブルは絶えないし、なかなか解決しない。

人間関係がうまくいかない心理的原因

トラブル続きの受験生は、仲間にどういう態度で接しているか。

「あなたのいる学校を滑り止めで受ける」と言う。

相手は不愉快である。そのことが分からない。とにかく自分がいばりたいから、こういうことを言う。

あなたがいるから「その学校に行きたいなー」と言えばいいものを、そう言わない。

それで大事な人を失う。

そう言えないのは劣等感が深刻だからである。

深刻な劣等感のある人は、煽《おだ》ててくれる人が気持ちよい。お世辞を言う人に惹かれていく。

煽てる人を見ていない。お世辞を言う人の人間性を見ない。

深刻な劣等感のある人は、お世辞を言われて、操作されているときが一番気持ちよい。周りは見えていない。

深刻な劣等感のある太郎君は花子ちゃんが好き。

なぜなら花子ちゃんは太郎君に何も言わないから。

太郎君はその子の人間性を見ていない。太郎君は母親との葛藤の傷を癒してくれればいい。

花子ちゃんは底意地悪い。いい物を隠す。でも太郎君は「花子ちゃんはしゃべらないから好き」と言う。

桃子ちゃんが「君のクレヨンなんかみんな持っていっちゃうんだよ」と言って、太郎君に注意をする。

そして桃子ちゃんは「トイレに行くとき、ドアを閉めな」と太郎君に言った。

花子ちゃんのずるさは皆が知っている。

しかし太郎君は母親との関係が耐えられないから、それを癒してくれればいい。花子ちゃんは何も要求しない女を演じている。太郎君に注意をしない。

太郎君に注意をする桃子ちゃんを、太郎君は嫌い。

コンプレックスを持っていると、トラブルが起きると向こうが自分をバカにしていると思う。自分がトラブルを起こす。どんどんとトラブルの深みに入っていく。

トラブルが起きると自分のコンプレックスが出る。そこでトラブルが大きくなる。

「学歴なんてくだらない」ではなく「あの人も素晴らしい」で人はまとまる。


トラブルの原因を作るA君は、B君の悪口を延々と言っている。しかしB君をやっつけるのではない。

悪口を言うことでA君はC君と一体感を持つ。

C君は「あのそば屋さん、おいしくないなー」と思う。するとA君は、「だしのだしかたが……」と言う。するとC君はA君と気が合う。

B君はC君の悪口を伝え聞いて、C君と仲違《たが》いをする。A君は自分の手を汚さないでB君をいじめることができた。C君はB君を失う。

A君は、どんどんC君からもぎ取っていく。C君は裸にされる。企業で言えばC君から部下を切り離す。

そしてC君の権力を手に入れる。

ある親族でトラブルが生じている。皆はある奥さんが悪者だと思っている。

しかしその奥さんが悪者ではない。後ろで夫がかき回している。そんなことがよくある。

表に出るのは悪人ではない。

後ろで操る夫がトラブルの真の原因で、それを食べて皆が食中毒になったみたいなことがある。

親族が仲良くしたいなら、後ろで操る夫を排除して痛い思いをしないようにしないといけない。

人は批判や悪口に共感する。共鳴する。

ずるい人は相手の目をそちらに向けていく。

陰でトラブルの火種を焚きつけている人

トラブルの真の原因になる人は、真面目そうにしていて冷たい。

トラブルの真の原因になる人から殴られても、殴られたという感覚がない。いつも「ハイ、ハイ」といい顔をしているから。ひどいことをされているのだけれども、ひどいことをされているという感覚がないことがある。

トラブルの真の原因になる人は自分がしたという証拠を残さない。

自分は人知れずおいしいものを食べながら、都合のいい友達を利用する。

悪い人は、殴る。しかしそれだけの人。

いかにも悪そうな顔をした不動産屋さんや、欲求不満の塊のような顔をした奥さん。

トラブルの真の原因になる人は、その欲求不満な奥さんを操作している「冷静な顔をしたご主人」。

トラブルの真の原因になる人は、清潔そうな顔をして怪文書を書くような人である。誰が書いたか分からない。

目に見える悪人のほうがいい。

最低の人は、人を焚きつける人。

食ってかかった人は、その場で終わる。

焚きつける人が、自分の側《そば》にいると一生問題を起こし続ける。焚きつける人はガンと同じ。検診に行ってもなかなか見つからない。ものすごい悪質なガンであることが手術して取ったときには分かる。目の前で刃物を持ってきた人は、対処すればそこで終わり。焚きつける人が側にいると、一生トラブル続きになる。焚きつける人は側にいると、去っていかない。

焚きつける人は、手術して切らない限りトラブルは起き続ける。派手にケンカをする人はいい人のことが多い。誰かに操られてケンカをさせられていることが多い。焚きつけた人は、人をケンカさせて陰でしっかりと利益を得ている。実はことは起きていなかった。それなのに人を煽る人はトラブルが起きているように見せる。

周りの人はトラブルで被害を受けるが、焚きつけた人はおいしい汁を吸っていた。ミスを犯しているのに、問題が起きていないときがある。そういうときには周りはいい人である。

CC（カーボンコピー）で流すメールではないのに、CCで流してしまった。それなのに問題は起きない。こういう場合には周りの人はいい人である。

焚きつける人はトラブルが起きていないのに「大変なことになりますよ。私に任せてください」と言う。

焚きつけられた人は、その焚きつけた人にすがりついていく。

トラブル続きの人は何も「こと」が起きていないのに、ことが起きていることにされてしまう。

何かトラブルを背負ってしまう人は、巧みな話術に負ける。

小学校の頃からそうである。

「一緒に勉強しよう」と言ってくる。

そして相手が鉛筆を落としてしまう。

すると「えー？　この鉛筆、ママが買ってくれた鉛筆なのに」と泣き出す。

「ママが買ってくれた」と脅される。その段階で親分子分関係はできてしまう。

周囲の人が変わっても主変わらず。焚きつける人はいつも人を焚きつけている。焚きつけられる人はいつも人から焚きつけられている。

焚きつける人は憎しみの人だから、人を不幸にすることで心を癒しているから。始末の悪いことに、その憎しみが表には見えていないことが多い。

人は、ささやかれてしまうと動いてしまう。

通常のときよりも、強い感情が出る。すごいエネルギーになる。状況判断を間違えてしまう。「あの人があなたの悪口を言っていたわよ」とささやかれると、もう他の人の話を聞かない。耳をそいでしまった。

「あの人があなたの悪口を言っていたわよ」とささやかれてしまった。まともに「あの人があなたの悪口を言っていたわよ」と普通の人は言わない。

共犯者にするにはささやくのがいい。

ささやかれて行動したときにはもうこちらが負け。

こうして事態は泥沼化する

煽った人は、トラブルがあるときのほうが自分の出番がある。そこでトラブルが解決できないようにしている人がいる。

よく、「損した人はいい人、得した人は悪い人」という。

そこでトラブルが解決できないようにしている人は、その原因が自分ではないと主張するために「そんなことをしても自分にはメリットはない」と言う。しかしメリットは必ずしもお金ではない。

心理的メリットもある。気持ちの満足がある。

もちろん他方には気持ちの満足ではなく、人を操作して陰でしっかりと利益を得ている人はいる。

そういう人も「ハイ、ハイ」と誰にでも賛成するような人である。

焚きつけられる人は淋《さび》しい人である。人は誰でも仲間意識を持ちたい。焚きつけられた人は孤立しているから、仲間意識はたまらない。

今淋しいからといって、その人とつきあっていても淋しさの解消になっていない。

焚きつけられた人はそれが分かっていない。

受験でトラブルが起きる。

母親が「つらい、あの子がかわいそう」と言う。「誰か解決して！」と言うが、解決されたら困る。

解決したら自分の出番がない。

出番を求めるのは、出番が憎しみをはき出せる機会だからである。出番を求める人は、無意識で、そのトラブルがどんどん悪くなって欲しい。

出番で、自分の憎しみを晴らす。それは質の悪い人、最悪の人である。そういう人は隠れて自分の心の憎しみを処理するのがうまい。だから問題は解決しない。

焚きつけられたほうは、動いて憎まれる。

トラブルが泥沼になったときにはいい人が悪い。本気で解決したければ、その人を切る。

焚きつける人は、味方の顔をして敵になっている。

焚きつける人は、誰からも軽く見られていると無意識で感じている。その屈辱感がある。

だから、焚きつけられた人がボロボロになっていくのを見て、それを焚きつけた人は無意識で楽しんでいる。

孤独な人は「あなたの味方よ」と言ってくれる人が好き。そう言われて仲間と思い込んでしまう。

孤立している人にしてみれば、「あなたの味方よ」と言ってくれる人は、たまらない。

「あの人はとんでもない人ですよ」とあなたに言う。

そのように焚きつけた人は悪い。ハゲタカである。

焚きつけられて動いて損をした人がいる。そういう人は、淋しい人か怠け者である。

ただそれでも焚きつけられた人は、人のものを取っていない。得したとしても、たかる程度である。ハゲタカではない。

対立している人の悪口を「吹き込む人」の存在

とにかく注意をしなければならない人間は「吹き込む人」である。

最低の人は、あなたにある人のあることないことを吹き込む人である。

吹き込まれているうちに、その人を「とんでもない悪い人」と思い込んでしまう。

そしてその人と対立していく。対立して傷つけあって、やるかやられるかまで憎みあう。

しかし一番ずるい人は、吹き込んでいる人である。吹き込んでいる人にとって、あなたがある人と対立していることが利益になっているのである。

あなたとある人とが対立していることが、吹き込んでいる人にとって、その場が居心地いいのである。

あなたは今誰かと対立しているとする。憎しみあっている。

しかし本当にその人とあなたは対立しなければならないのか？

そんなことを考えたことがあるだろうか？　人を騙す人は、実に巧妙である。

それに気がつかないあなたは神を恨むのではなく、自分の弱さ、甘さを恨みなさい。

吹き込んでいる人にとって、その場が快適になるためには、あなたとある人とが傷つけあっていることである。

あなたはある人を憎む。そして傷つけあう。ある人もあなたを憎むようになる。

しかしあなたに吹き込んでいる人は、あなたを使ってある人をいじめている。あなたを使ってある人への憎しみを晴らしている。

それに気がついたときには実はもう遅い。

あなたの人間関係はすでに抜き差しならないところまで行っている。あなたが気がついたときには既に様々な誤った人生の選択をしている。

その悔しさを晴らせない。そうした晴らせない悔しさで人は生きる力を失っていく。

ここに気づかなければ、同じ「間違い」を繰り返す

そのときにどうすればいいか？

憎しみの鬼になってものすごい顔になって、やつれて死んでいくか。多くの人はそうである。

しかしそのときに認めなければならないことは、騙《だま》されたのは自分なのである。自分が人を見抜く力がなかったということである。

悪口を吹き込まれているうちにいつの間にか、自分自身がそう思い込んでいったのである。人を見抜く力があれば、そうはならなかった。

あなたに非言語的なものを判断する力がありさえすれば、吹き込んでいる人を、ずるい人と判断できた。

あなたは非言語的なことに敏感ではなかった。そのずるい人の言い方、表情、立居振る舞い等々、言葉以外の部分に対する敏感さがあれば、あなたは騙されなかった。

今のような複雑な人間関係になっていなかった。

なぜあなたには非言語的なことに対する敏感さがなかったのか？

それはあなたの中に方向性のない憎しみがあったからである。その漠然とした憎し

みに、方向性を与えたのが、「悪魔のささやき」である。

不安な人は「悪魔のささやき」に乗せられて何かを思い込む。

そして不安な人は「悪魔のささやき」に乗せられて、憎まなくてもいい人を憎み、複雑な人間関係になってしまったのである。

あなたのなかに漠然とした憎しみがなければ、つまり不安がなければ「悪魔のささやき」に乗せられて、ある人と対立関係になっていかなくてもよかった。

不安なあなたの人生の選択はいろいろと間違った。会社の中で属する派閥も間違った。その前に職業選択も間違ったかも知れない。

誰と友達になるかも間違った。休暇の使い方も間違った。食事をする場所も間違った。大切にする部下も間違った。言い出せばきりがないほどの選択の間違いをしている。

しかしその原因はすべて自分の中の憎しみである。その憎しみは、ほとんどの場合無意識にある。

自分の心の底の憎しみが、すべての間違った選択の原因であるということを認めることができなければ、あなたはまた同じ間違いを繰り返す。

「悪魔のささやき」をするのは別に人だけではない。過激な政治運動も同じであろう。

過激な思想も同じである。

人がテロリストになってしまうのも、「悪魔のささやき」に乗せられたのである。心の底の憎しみに方向性を与えたのがテロリズムである。

大衆の憎しみを利用する扇動家としての政治家もいる。心の底に憎しみのある人々を自分の政治運動に巻き込んでいく。

かつての六〇年代、七〇年代の学生運動などもそうである。「悪魔のささやき」で親への憎しみを権力へ置き換えさせられたのである。

自分の親への憎しみを学生達は意識できないでいた。その無意識の憎しみをうまく利用した扇動家達がいた。

そして人生の取り返しのつかない過ちをおかしてしまった人もいる。その中には自殺した人もいる。

心の底に憎しみを持っているということは、自分の人生を破壊する爆弾を持っているということなのである。

男女関係でも同じである。努力して功成り名遂げても晩年に失敗する人がいる。

ずるい女の「悪魔のささやき」に引っかかって根こそぎ財産を持っていかれる人もいる。

「晩節を汚す」人というのはたいてい「悪魔のささやき」に引っかかった人である。それまでの長い人生の努力は水の泡になった。

大物政治家の失脚も、詳しく調べてみれば、どこかで「悪魔のささやき」があると私は思っている。

吹き込む人は、自分の手を汚していない。だから表面的に見ると、悪い人にはなっていない。逮捕されて新聞に大きく報道されるような人ではない。

表で悪い人になっているのはたいてい本当の悪人ではない。

しかしとにかく吹き込まれてある人を悪く思ったり、いろいろな対立した人間関係に追い込まれたりする。煽てられて政治的に暴走したりする。様々な不利益な状態に追い込まれてしまった。

そのときには、まず自分の判断能力のなさを認めることである。

そうでないといつまでもその状態の苦しみから抜け出ることはできない。

それは離婚の苦しみと同じである。エレン・ランガー教授の調査では離婚後いつまでも苦しんでいる人は、離婚原因をすべて相手に押しつけている人である。

そして次にはあなたの周りには逆に誠実な人もいたという幸運も忘れてはならない。

恵まれていることもたくさんあった。しかしそういう人と対立してしまったのであ

れている点をすべて忘れてしまう。

「騙された」と分かったときには、その苦しみに気を奪われて、今現在の自分の恵まれている点をすべて忘れてしまう。

やってくれる人は見えないところをキレイにしている。

やってくれない人は見えるところをキレイにする。部屋ならブラインドを拭く。

る。

最低の人は会社の場合でも何でもすべて同じこと。

ある会社、「悪魔のささやき」で従業員がどんどんやめていく。経営者は従業員がやめていったら困る。そこで従業員を好きなようにさせた。

すると今度は「働いてあげる」という態度になる。

最低の人に、「やめていってもいい」という態度が大切。「やめろ！」という態度のほうが、最低の人は危機感を持つ。

最低の人に、寛大な措置をしてはダメ。迎合したら最悪。

人間関係は、心で切ってしまえば楽。最低の人にイライラして夜も眠れなくなるのは、その人を心で切っていないから。

この人とは深くつきあえばひどい目にあうと思う。そこで表面的なつきあいしかしない。それが心で切ってしまうこと。

深くつきあえない人は、表面上はいい人。打算的で愛想がいい。

自分が困ったときにはくっつく。

ところが自分が必要なくなると「どーん」と切ってしまう。

親が深くつきあえない人の場合、子どもはおかしくなる。深くつきあえない人は相手の心を変えてしまう。

一年くらいしてくると、子どもはとんでもない人になる。

深くつきあえる親の子どもは伸びる。

本当の優しさとニセの優しさの違い

ある塾での話。ずるい先生は「○○君、君、すごい悪い成績だよ、どうするの？」と生徒を脅す。そのあと先生は「困ったなー、でも○○君のために時間をあげようかなー」と言う。

脅して自分にすがらせる。

脅してすがらせて、「じゃーしょうがない」と言う人がいる。

トラブル続きの人は周りに、そういう人しかいなくなる。

トラブル続きの人は脅されて、こちらがいい人になって、脅した人にすがってしまう。友達は、こちらがしがみつく友達しかいなくなる。

ずるい人は、自分がいなければどうにもならないようにさせる。トラブル続きの人は、その人にしがみつかなければならないようにさせられる。自分がいなければどうにもならないようにされてしまう。


ずるい人は「大事な資料なのだから、ホントに大事なのだから大切にしてね」と恩着せがましく言う。トラブル続きの人は、そう言われると感謝する。

しかしトラブル続きの人は「あー、見せてあげるよ」と言う優しさが分からない。

ずるい人が、自分を優しい人と感じさせる方法は、相手を困らせておいて、恩を売ることである。

優しくない妻は「えー、どうするの、こんなにお金がなくて、どうするの？」。

こう言われて、夫はどんどん怖くなる。

すぐに分かる優しさはとんでもない。

本当の優しさは、相手にそれを感じさせない。しかし長い間には安らぎがある。

トラブル続きの人は、脅して冷たくしておけば、ついてくる。心に問題のある人は、二〇度の温度で暖かく感じる。

実は本人も優しくない。本人が優しければ、優しい行為を感じる。

本当にいいマッサージ師は患者さんを治すことしか考えていない。ずるいマッサージ師は、力を抜いて、手抜きをして、患者を喜ばすようなことを言って、最後に「五分おまけしておきます」と恩に着せる。

心に問題のある人は、その手抜きで口先のマッサージ師をいいマッサージ師と思う。

小さい頃から愛されていない人は、かまってもらいたい。そこで毒のある「かまい方」が分からない。「かまう」の意味が分かっていない。

小さい頃から愛されていない人は、相手が蛇ということは知っている。でもマムシだかアオダイショウだかが分からない。

「あなたの人間関係」は「今までのあなたの生き方」を映す鏡

ある長女が母親の看病でノイローゼになって、睡眠薬を飲まなければ眠れなくなった。

母親はずるい。長女の娘の調子が悪いと、これ見よがしにすぐに救急車を呼ぶ。看病していない妹は「母親は先がないのだから、見てあげて。今まで苦労をしてきたから」と姉に言う。

孝行娘の長女が親を嫌いになっていく。親の顔を見たくないと言う。

母親は妹の所に行くと姉の悪口を言う。

何も看病しない妹がいい人になっていく。

今のあなたの人間関係が今までのあなたの生き方である。あなたが今まで利己的に生きてきていれば、あなたの周りには利己的な人が多くなっている。

劣等感の強いあなたの周りにはあなたと同じような劣等感の強い人がいる。またその劣等感の強いあなたを利用しようとするずるい人がいる。

人間関係を変えるにはまず自分の生き方を変えることである。

とにかくトラブル続きの人の周りには、質の悪い人がいる。その人を切らない限り、トラブルは死ぬまで続く。

3 「憎しみ」をあおる人たち

不安や憎しみは、政治に利用されてきた

あなたの憎しみを利用する人がいる。

政治はよく人々の憎しみを利用する。ヒトラーが利用したのは下層中産階層の憎しみである。ヒトラーは扇動政治家。

人の言うことで自分の人生をいいように振り回されてしまう人がいる。そこを狙うのが扇動家である。

人の不安を煽る人がいる。煽られるほうは煽られるということが分かっても恐怖感があるから、煽られるように行動してしまう。

質として最悪の政治家は、扇動する政治家。

政治家は社会に対する人々の憎しみを利用する。

暴力団も人の憎しみを利用する。その憎しみを利用して、敵対するものと戦わせる。

「お人好し」は「利用しやすい人」の代名詞

憎しみを持つものは政治的に利用されるばかりではなく、日常生活でも利用される。だいたい利用されるのは自己不在のお人好しである。

あなたがA子さんに憎しみを持っているとする。それを知った彼はA子さんに意地悪するためにあなたを利用する。

彼はあなたを焚きつける。「A子さんがあなたの悪口を言っていたわよ」というような告げ口をする。

するとあなたは今までよりもさらにA子さんへの憎しみを倍加する。そして「許せない！」となる。

そうなればあなたはA子さんにどんなことでもしてしまいかねない。憎しみに囚《とら》われたあなたは彼の言いなりになる。

彼は自分の手を汚さないで十分にA子さんに意地悪ができる。彼は自分の手を汚さないで憎しみを晴らす。

そして傷を受けるのはあなたであって彼ではない。こうした場合、A子さんが倒れて得をするのは彼である。

お人好しのあなたは純粋だから彼の言うことを疑わない。「本当にA子さんは私の悪口を言っていたのだろうか？」と疑わない。

彼はなぜ「A子さんがあなたの悪口を言っていたわよ」と言ったのだろうかと、彼の動機を考えない。

純粋ということはいいことではあるが、同時に人間社会について無知ということでもあり、人を見抜けない無能な人という意味でもある。

純粋ということは、ウラから言えば愚かということでもある。

つまり、劣等感が深刻で淋しい人は、自分のことを認めてくれる人に出会うと、その人が「いい人」になってしまう。だからその人の言うことを疑わない。

劣等感があるから、自分を認めてくれる人の言うことを信じる。自分が認められて嬉しいからである。

肉親同士の争いが凄惨な様相を帯びることがある。別の血縁者が双方を焚きつけるからである。

そうして憎しみが憎しみを呼び、凄惨なものになるのである。遺産争いなどで肉親同士が凄惨な争いになってしまうのは、うまく利益を得ようとする人間が、別の兄弟を焚きつけているからである。

結局傷つくのは利用された人だけで、ずるい人間は努力しないで利益を得て、ほくそ笑んでいる。

純粋な人間が長い人生で傷つき、ボロボロになるのはこのためである。純粋な人間というのは利用しやすい人間という意味である。

純粋な人間は人の言うことをそのまま信じる。相手を見ていない。

何よりも相手の日頃の行動を観察していないし、相手の顔も、相手の眼も何も見ていない。

相手を見るということは実際の自分の眼で相手を見ることと、自分の心の眼で見ることの両方を含む。

心の眼で見るとは相手の過去の行動を見、現在の言動はその過去からの流れと一致しているかどうかを見ることである。現在の言動が過去からの言動と同じ色で染められているかである。

あのときに、あのようなことをした人が、今こんなことを言うのはおかしいと考えない。

「ずるさは弱さに敏感である」が、弱さはずるさに鈍感である。

憎しみや劣等感のようなマイナスの感情を持つものはずるい人間の餌食《えじき》になる。憎しみや劣等感のようなマイナスの感情を持つとずるい人間に対して無防備になってしまう。

そして本人は自分がずるい人間に対して無防備であることに全く気がついていない。

「ずるさは弱さに敏感である」が、見のがしてならないのは「ずるさは目立った行動をしない」ということである。だから劣等感が深刻で淋しい人はずるい人に引っかかる。

人を騙す人に会った。その人は「騙せる人は一瞬で分かる」と言った。

そして付け加えた。「自分のほうが怖い人には近づかない」と。

ずるい人は「この人、騙せる」と一瞬で分かる。

その後はすぐに騙すわけではない。騙せると分かってから、綿密に計画を立てる。

4 「劣等感」が強いと、それを利用する人を周りに集めてしまう

これが消えるとトラブルが激減する

深刻な劣等感が消えるとトラブルは激減する。

つまり深刻な劣等感はトラブルの原因である。

情緒的孤立、虚無感、劣等感を私は悩みの症候群と言っている。

例えばものすごく淋しいときに、嫌いな人から誘われたらどうするか？

嫌いという感情を殺して誘いに応じることのほうが多いだろう。

こうしてトラブルの種を蒔《ま》く。

浪人時代に、淋しいから大学生とキャンプに行く。その大学生が嫌いでもキャンプに行く。そしていじめられる。いじめられても別れられない。

うつ病になりやすい執着性格者等も、周りにいる人が悪いことが多い。執着性格者は嫌いな人に我慢をしていい顔をする。

ずるい人にとって利用しやすい。

「淋しい人」のもとに、ずるい人は集まる

裸の王様はなぜ裸の王様になったのか？

洋服屋に騙されたからである。

なぜ騙されたのか？

それは彼が王様でいたくなかったからである。自己実現して生きていれば、見える洋服と見えない洋服は分かる。

彼にとって王様はイヤな立場であった。彼は自分がイヤな立場にいた。自分が自分ではなかった。だから周りにおかしな人が集まった。

彼は王様としての役割を果たしていない。

そして最後には王様が悪いことになる。つまり裸の王様と言われる。

何にも悪いことをしていないのに、こうしてトラブルが起きる。

それは今の自分が無理をしているから。嫌いなことをしているから。

意図的に悪いことをしていなくても、トラブルが起きる。

自分を偽っていると道を間違える。無理をしていると道を間違える。

淋しいから、皆に受け入れられようとして自分を偽る。無理をする。

チヤホヤされたいときは、集まってくる友達は、チヤホヤの代償を奪う。

淋しいと、ずるい人が周りに集まる。淋しいから断れない。チヤホヤされることの代償は大きい。

人間関係の整理が第一

大人になっても、幼児のように「何があっても自分のことを一番にしてくれ」という人がいる。

今、チヤホヤして欲しい。心が荒《すさ》んでいるから。

それは上《うわ》の空の人生。上の空で生きている。人生を上の空で生きている人は苦しい。

そうなれば悪いことをしなくてもトラブルは起きる。

周囲の人がおかしければおかしいほどトラブルは起きる。

それを「真面目と勤勉」ということで乗り切ろうとした。

今を乗り切ろうとしている。それでは乗り切れない。

まず、人間関係を整理すること。

おかしな人と接してしまうのが世俗という世界である。

世の中にはどんな質の悪い人がくるか分からない。それなのに親切をする。「どこの馬の骨」という言葉がある。それはずるい人のことである。どこのずるい人が自分の側にくるか分からない。

だから親切をして一生を棒に振る人が出てくる。

接しないように注意をすること。

例えばヨイショの人が周りにいる。

彼らは次のような人をいい人と勘違いする。成績が期待したように伸びないときに「ひどい先生ねー」と言う。

悪口を言うけど、指導はしない。そしてトラブルが起きる。

その起きたトラブルを処置しないで先に行く。やがてツケがくる。

そこで「一生懸命頑張ったのにねー」と言う。

でも指導はしない。さらにトラブルが起きる。

企業は他社に、自分の社の成功の秘訣を教えない。

ある大臣が自殺した。

政権の支持率が下がると、その自殺した「大臣が悪い」と言う。

心が見えない人は、力量を見ないで人を使う。心を見る人なら彼を使わない。

心を見ない人の周りには、ヨイショの人ばかりが集まる。ヨイショの人は何人いても、主人を守っていない。共に滅びていく。

淋しい人は、相手が好きとか嫌いではない。ヨイショが欲しい。

打算で生きている人は、結末はすごい。


淋しい人は、相手がヨイショしてくれるから、いい人と思う。自分に歩み寄ってくる人がいい人になる。好き嫌いがない。

偏見がかった人とは逆である。偏見がかった人は根拠なくある人を悪いと思う。

偏見がかった人も、淋しい人も人と心がふれあっていないという点では共通している。

何事も自分の利害でしている。自分のためにしてくれれば、いい人になる。

トラブルを起こしやすい人は、こういう人とつきあっている。

本当は五〇〇円の人。バザーと同じ。一万円と書いて線を引いて、値引きして千円にする。本当は五〇〇円のバッグ。

トラブルを起こしやすい人はすがりつかれる。淋しいからそれを許した。自分が溺れているのに、すがりつかれた結果、共倒れになる。

トラブルを起こしやすい人は、本人が解決しようとしていない。

淋しい人の周りの人は騒ぐことが目的で行動している。周囲の人を巻き込む。淋しいから打ち合わせが楽しくなる。解決することが目的ではない。

物事を本気で解決しようとしない人は、あっちにもこっちにも話す。

自分が解決しようとして相談するのではない。逆に解決してもらおうとして、あっちにもこっちにも相談する。

憎しみがあって誰にも相手にされなくなったタレントのところに、悩んでいるディレクターが相談に来たとする。

なんか番組がおかしくなっていく。

その関係から一歩離れよう

ある子はテニスクラブに入って、朝五時からテニスをしていた。

でもある朝、座骨神経痛になる。しかし練習に参加しなければダブルスだから相手に迷惑をかける。

彼女はダブルスで組む人に、「ごめんなさい」と言う。

相手は「無理して大丈夫?」と言う。

すると彼女は「無理して大丈夫?」と言った人達をいい人と言う。

彼女に「テニスやめなさい」と言う人は冷たい人になってしまう。


ある人がその子に「今テニスをやめて、テニスをしていた人から〝○○ちゃんを大事にすればよかったな〟と思われるのと、今〝迷惑だな〟と思われつつクラブにいるのとどっちがいい?」と聞いた。

すると「前のほうがいい」と言った。

そこでやめた。

その後彼女は、休んだ人と友達になった。

「魔の集団」から抜け出すにはエネルギーが必要である。
○○ちゃんは「この集団を出たら私の楽しみはない」と思っていた。
しかし実際に抜けたらほっとした。

魔の集団は、感情表現の下手なところをうまく突いている。

小学校のとき、「○○ちゃんの言うとおり」「そうだよね」といつも言ってくれていた友達がいた。

小学校から中学校へ。

そこである明るい先生に「本当に態度悪いな、おまえ」と言われた。でも昔のように傷つかなかった。

昔だったらこんなことを言われたら、ひどく傷ついた。ひどいことを言った先生が明るい性格だから自分は傷つかなかったと気がついた。

逆に何でも「○○ちゃんの言うとおり」「そうだよね」と言っていた昔の友人には素直さがなかった。

そのとき、あの小学校の友達は私を利用していたことに気がついた。最低の友達だったことに気がついた。

一歩そのことから離れたときに気がつく。

確かに○○ちゃんには癖があった。なんでも賛成してくれる人をいい人と思った。

○○ちゃんは最初の親子関係がおかしかった。人生はじめの人間関係がおかしいと、それ以後次々に人間関係がおかしくなる。

親子関係の中で自分の気持ちの説明をする習慣がないから。
でも今〇〇ちゃんは幸せになれた。
幸せになる人は、自分を不幸にする人を切っている。

5 「人間関係の選択」を間違えてはいけない

あなたの周りにいるのは、愛で動く人か、憎しみで動く人か

自分がお金だけで動いていると、周りにずるい人が集まる。取り巻きが「愛で動いている人」なのか、「憎しみで動いている人」なのか。それでその人の運命は決まる。

トラブル続きの人は、取り巻きが憎しみで動いている。どん底になったときには、取り巻きが逃げる。表面的に愛想をよくしながら去っていく。

相手もまた自分を裏切ってくると分かっているから、人は愛想ですます。こういう人間関係では一カ所崩れるとダメ。全体が崩れる。

覚悟していないと覚悟していない人が集まる。

ずるい取り巻き達が「いいです、いいです」と言っているうちに、本人が何が何だか分からなくなる。

「右折してくれ」とタクシーの運転手に言って、実際に曲がると「えー、こんなところで右折していいの？」と言う客がいる。

警察に捕まったときには、「いけないと言ったのに」となってしまう。運転手はお人好し。

トラブルを抱え込む人は、こういうお客さんがそばにいる運転手さんである。

〝原因〟をつくった人のそばにいる不幸

引きこもり、ニート等々の人達は、訳が分からなくなった。

好かれたい、嫌われるのが怖いということで動いているうちに、何が好きか、何が嫌いか、分からなくなった。

心の中に矛盾を抱えてしまい、何をどうしていいか分からなくなった。

そういうときには、自分の周りにはおかしな人がいると思ったほうがいい。いつもそばにいる人が原因。

そういう人達は自分がいい人と思っている人が悪い人。自分が味方と思っている人の中にそういう人がいる。

ある有名女優の息子が麻薬で逮捕された。息子逮捕で周りの人がテレビに出てきた。

見ていてひどい人が周りにいると感じた。

おかしな人とかかわっている限り、何をしなくてもトラブルが起きる。

原因は敵ではない。こういう人だろうと自分が思っている人が原因ではない。

推理小説の犯人はどういう人だろうか？

それは意外な人である。それと同じこと。

日常生活でも意外な人がトラブルの犯人。

いちばん善人と思っている人が実は犯人。犯人は被害者側にまわっている。味方の中に溶け込んでいる。

トラブルが長引くのは、味方の中に敵がいるから。

味方の中に足を引っ張る人がいる。

本能寺の変も味方の中に敵がいた。


テロリストは意外な人である。

自分の本性を見せないためには逆の人になる。

意味なく自分に近づいてきた人は「変だ！」と思わなければいけない。

憎しみがあると、取るものは取る。もらうものはもらう。

取る人は、向こうから近づいてくる。こちらに都合のいいことを言いながら近づいてくる。

客観的証拠主義の裁判では、誘われた人ではなく、誘った人が悪の原因となる。しかし世俗の生活では逆なことが多い。真犯人は相手に自分を誘わせたのである。質の悪い女性は、自分から男を誘わない。男に誘わせる。

その今の痛みを取ってくれる人はいい人ではない。自分が今、得することをしてくれる人がいい人ではない。痛みの根の部分を取ってくれる人が、本当にいい人である。それが、本当に癒す人である。

ママ友トラブルの真相

小学校の保護者の集まり。仲間の保護者に、先生からのメールを見せる保護者がいる。そうした保護者は先生との関係を誇示している。

あるお母さんが、別のお母さんに子どもの学校のクラスのことで相談をした。

相談されたお母さんは、あるアドヴァイスをした後で、「私は担任の先生からメールをもらっている」と言ってそれを見せた。

いかに自分が担任の先生から信頼されているかということを示したかった。

そのメールを見せたお母さんが、「担任の先生に今頼まないほうがいい」と言う。

相談したお母さんは、その人の言うとおりにした。そしてトラブルが発生した。

トラブルに巻き込まれないお母さんは「このお母さんは、自分にとっては都合のいい母親だけれども、担任の先生にとって、いい母親かな？」と考える。

メールを見せるような母親に気をつけること。

しかしトラブル続きの人は「このお母さんは、いいお母さん」と言う。

子どもを守るのは他人のお母さんではなく、学校。だから学校を大切にしなければならない。

「気をつけなければいけない」ことは、誰が守ってくれるかということである。

先生からのメールを見せるようなお母さんはトラブルを起こす。

「あなたにだけ見せるのよ」という見せ方をするから、相談をしたお母さんの淋しい気持ちを癒してくれる。今の心の痛みを取ってくれる。

そこでメールを見せたお母さんをいい人と思う。

こうして悪いことをしないのに、トラブルは起きてくる。

相談をしたお母さんにとって、自分の孤独感を癒してくれるのが最重要課題。

メールを見せられた時点で、「このお母さん、危ない」と思う人は、淋しくない人である。トラブルに巻き込まれない。


その人がトラブル続きなのは、その人のそばにいる人が原因であることが多い。

そのトラブルの原因となっている母親を知らない人は、女の化けの皮がはがれた彼女の真の姿を知らない。

トラブル続きの人は、その姿を見抜くことができない。

本性はこうして見抜く

いいときに、いい演技をしている。

騙しのテクニック。

自分を飾る。

いい女の演技をする。

自分がない。でも、ある「ふり」をする。

長い間には化けの皮が剝《は》がれる。

化けの皮をつけている人は、相手からの反応を期待する。その期待がはずれると相手に憎しみを持つ。

飾って着ていったのに、用務員さんが「わー」と言ってくれない。するとその用務員さんに不満になる。それは憎しみの人。

こうした人はまともに勝負しない人達である。そういう人と関わると、トラブルが起きる。

母親が、女の化けの皮をつけないで、自分の表裏を見せていれば、子どもは順調に育つ。

トラブル続きの人は、まず自分の周囲の人間関係を見直すことである。

「あいつが一番悪い」という人は、たいてい悪くない。「あんな悪人はいない」という人が悪くないことがある。

赤穂浪士家老大石内蔵助《くらのすけ》。元禄一五年一二月一四日吉良邸に討ち入り。忠臣蔵である。

吉良上野介に遺恨を持ち、江戸城松の廊下で刀を抜いた浅野内匠頭《たくみのかみ》。それを止めた人がいる。

浅野内匠頭を後ろから押さえた人。元禄一四年三月一四日（一七〇一年四月二一日）の刃傷《にんじょう》沙汰。

刃傷に及ぶが本懐ならず、即日切腹を命じられる。

武士の情けなら、お互いに殺した。お互いに言い分はある。

止めた人は財産を持っていった。

最初の廊下で止めた人が悪い。

いい人が、弱いあなたの人生を狂わす。


化けの皮をつけた○○さんのところに男が来る。投機を教えている。

そういう人のところにそういう人が来る。

今自分の周りにどんな人が残っているか。それで自分が見える。

友達を見たらその人が分かるのではなく、友達を見たら自分が分かる。

意志が強いと、周りの人が見えてくる。

彼女は、自分は来てほしくないから、葬儀には行かない。

「何で行かないの？　冷たい」と皆は言った。

しかし彼女は葬儀には行かなかった。

するとその後皆が寄ってきた。

葬儀に行かなかった彼女は「この人達は何だろう」と思った。

「自分はこれでいい」と心を決めたら、覚悟を決めてその人達を捨てる。

それで周りの人が見えてくる。

息子が問題を起こした。

「私が悪いんです」と言う母親がいる。

そう言えばその人は「いい母親」になれる。

「そんなことないわよ」と言ってもらいたい。

こういう人は周囲の人から嫌われている。

「私が悪いんです」と言う母親に「何が悪いのだか言ってごらんなさい」と聞いてみる。母親の正体が分かる。

次のような会話を想像すれば分かる。

先生：○○君はガンです。

母親：そうです。私がガンにしました。

「私が悪いんです」と言う母親はこれと同じことをしている。

実は母親は息子に関心がない。

自分が人からよく思ってもらうことが何よりも大切な「弱い人」である。

「私が悪いんです」と言う母親と逆の母親がいる。「私のどこが悪いの？」と言う母親である。合理的で、お金に汚い。

心の底では自分が悪いことをしたと知っている。その上で「自分がした」とは言わない。

これはずるい人。

こういう人によくするとつけあがる。

こういう人はよく人を脅す。

脅しているほうは本気で脅しているわけではない。脅しがうまくいくと、「あれ、こんなにうまくいっちゃうの？」となる。

他人に願書を書かせておいて、息子と話をしている母親がいる。つけあがったケチな女性。

私はダメな男です。

こう言えばエネルギーを使わないで、立派な男性になれる。

こういう人はケチ。なぜならエネルギーを使わないですむから、「私はダメな男です」と言っている。

「私はダメな男です」と言うのは手抜きで自分の価値を上げる安易な方法である。「忙しいので」と言う、有名タレントのお医者さんや弁護士がいる。格好をつけている。それを聞いてそう見てしまう人がいる。

逆に人を見る目のある人からは、「あー、この人はダメ」と思われる。本当に忙しい人は、やたら「忙しい、忙しい」と言わないことが多いから。

「後ろ向きな人たちのグループ」にいてはいけない

自分がいい人であることを売り込みつつ、人の不幸を願う集団がある。

ある人が家を買った。その人が買った土地がいい土地と認めたくない。その人が幸せであると絶対認めたくない。

するとその集団の仲間の一人が、「あー問題の土地ね。刑務所があったところ。沼地のところ。だから彼女滅入《めい》ったんだ」と言った。

すると別の人が「ものは考えようよ」「火葬場の隣だから、仏様が悪いことを持っていってくれる」「仏様が守ってくれる」と言う。

こう言った人は、一見いい人のようなのだけれども、まず「あー、あの問題の土地ね」と誰かが言っている。「だから滅入《めい》ったんだ」と誰かが言っている。

するとそこで別の人が「ものは考えよう」と言った。貶《けな》された後でいいことを言う。この別の人は一見いい人に思える。

しかしこれがトラブルを起こす人である。

「あの人が悪い」と誰が言っているとまず言う。それで「でもね、あの人いい人なの、心根は」と言う。

他の人から貶《けな》されている「人」を誉める。これで自分をいい人だと売り込む。

「あの人が悪いと、あの人は言っている、でも私はそうは思わないわ」

こういうグループが魔の集団である。

ストレートに悪口を言うのではなく、ある人がある人を悪く言っている。でも私はそうは思わないと自分のいい人を売り込む。

「あの人はいい人よ」と言えば、自分がいい人になれる。

いつも前向きな人は、その人達のこの土地の話を聞いていて「あなた達の仲間には入らないわ」と思ったと言う。

この集団は前向きの集団ではない。

悪い人の集団は、自分がいい人であると売り込む集団である。

人が幸せになると認めたくない。これがトラブルを起こす集団の特徴。

後ろ向きの集団にいる人が多い。

それは、そこにしか仲間がいないからである。

お互いに見栄を張るのは、そこにしか自分の居場所がないときである。

「私は悪いことをしていますよ」と言う人はまだいい。

自分だけが善人になる。これが質が悪い人、トラブルを起こす人である。

こちらがお金を払わないのなら、向こうの人が「行ってあげましょう」と言うのでよい。

トラブルを起こす人はこちらがお金を払うと、「行ってあげましょう」になる。

「さらっと」いけばいいものを、いろいろと問題を起こす人がいる。

後ろ向きの集団とは、口では「私は人の幸せを願っている」と言いながら、心の底では不幸を望んでいる人々の集団である。

人の不幸を望みながら、自分はいい人であって、周囲の人が不幸になるようにする。

ハンコ一つで人生を棒に振るなかれ

ハンコ一つで、人生を棒に振るという人がいる。

それはこの世にずるい人がいるからである。態度をがらりと変える人がいるからである。

この世の中に態度をがらりと変える人がいなければ、連帯保証人のハンコ一つで、人生を失うことはない。

しかし現実には態度をがらりと変える人がいる。だからハンコ一つで、家屋敷を失う人がいるのである。事業をしている人なら、工場を失う、店を失う。それは連帯保証人の判ばかりではない。念書の判でも同じである。

重大なハンコを押してもらうときに、「これは重要な意味を持っています」などと言って判をもらう人はいない。「これはほんの形式で、相手は紙があれば安心するから」と言う。「文章などどうでもいいのです」と言う。

実は「どうでもいいどころではない」、極めて重要である。

こちらが「ここをこう直して」と言えば、「あー直しますよ」と言う。そして「とりあえずハンコだけ押してください」と言う。

そう言って判を押してもらった後で、文章を直すような人はいない。

僕の知っている例では、「あとであなたの言うとおりに文章を直します」と言ってハンコを押させようとした不動産屋さんがいた。

判を押す人が「でも、判を押したら文章を直せませんよ」と言ったら、「いや、今はコンピューターで、判を押してからでもいくらでも直せますから」と言った。

何もコンピューターを知らないお年寄りはこうして騙されて、生涯をかけて築き上げてきた家屋敷の財産を一気にとられてしまう。

この人から財産をとろうと企《たくら》んだ人は、ものすごい重要な文章を「こんなもの何だっていいんですよ」と言う。相手を騙そうとする人で、重大な文章の内容を重大と言う人はいない。

そう言われて判を押して家屋敷を失った人の悔しさは、失った人でなければ分からないほど悔しいことであろう。

騙した人に向かって「あのとき、ああ言ったではないですか」などと言っても、いったん騙されたら、誰も相手にしてくれない。

私は自分のような職業の人としては案外つきあいが広い。様々な中小企業の人などとのつきあいもある。

彼らが時々する話の中で、「そこで、がらりと態度を変えて……」ということを話す。

そして仲間内では「がらりと態度を変えられない人は仕事ができない」と言う。つまりがらりと態度を変えられる人は有能な人なのである。

知っている人以外には、ハンコを押してはいけない。それが世俗を生きる鉄則である。

「見知らぬ人からハンコを押すことを要求されたら、その人は詐欺師と思え」と言っても過言ではない。

若い頃ならまだしも高齢になってハンコを押したら、そこで人生はおしまいである。詐欺師がねらうのは高齢者である。

そしていったん騙せたら、もうその人を離さない。骨までしゃぶる。

昔の農耕社会なら知り合いだけと接することで一生を終えることができた。しかし今のような情報化社会では、日々見知らぬ人と接している。

それはジャングルの中にいるよりも危険なことである。ジャングルの中ではヘビはヘビである。

しかし情報化社会では小魚が突然ワニになる。ちょっとしたことで一生を棒に振る。ささいなことで生涯不幸になる。

事実、なんと多くの人々が、ネット上のつきあいから出発して地獄に堕ちていることだろう。出会い系サイトなどはその最たるものである。

ハンコを押さなければ大丈夫というものではない。情報化社会には予想もしない危険がいっぱいである。

よくあるご近所トラブルの問題点

家屋敷を騙し取られるのとは違うが、よくある話というのがある。

ある家の隣が工事現場になったときの話である。

建築業者が「工事をするので」と挨拶に来られたときに話されたことは、一つも守られなかった。

「お宅の家の敷地を建築資材の物置場として利用しない」とか、「工事時間は何時まで」とかも、すべて言葉だけだった。

解体と建築工事も、シートも張られないままに始まった。

テントもなく工事が始まるということは、隣の家にしてみれば台所先を常に工事の職人達が行き来している状態であり、話し声も筒抜けである。

いつテントを張ってもらえるのか一〇日ほど待っていたが、テントを張ってくれない。

現場で働いている人に聞いても、「自分は下請けだから分からない」「そういうことは責任者に言ってくれ」と言われる。

「責任者の方はどなたですか?」と聞くと、「今日は来ていない」というようなことの繰り返しで日々がすぎていく。

そこの奥さんはどうしようもなく、関係している大元《おおもと》の不動産屋さんに電話をした。そのときの様子がとても不親切でぞんざいな言葉使いだったので、驚いた。

「あー、頼むときだけあんなに必要以上に丁寧に言葉を使って、それが終わるとこんなに態度が変わるものなのだ」とそこの奥さんは思ったと言う。

陰で悪いことをしている人は、表面的には必要以上に丁寧な言葉を使う。イヤなやつとは二面性がある人達である。

奥さんは「当然相手がすべきことを、こちらからこんなに遠慮がちに言っているのに、こんな対応をされて、なんておかしなことだろう」と思ったと言う。

約束したことにふれると「うるさい！」と言わんばかりの態度であった。あまりの態度の変貌に驚いたという。

普通なら「シートも張らずに工事を始めてすみません」という言葉であるべきなのに、それを「苦情」という表現をされる。

「なんて気持ちにさせられるのか」とため息が出たと言う。

もっとひどい例は、ご主人が現場に抗議に行ったら、「お宅の奥さん、ものにするからな」と凄まれた。さらに家に電話がかかってきて、もう一度「お宅の奥さん、ものにするからな」と脅した。

これらのトラブルの原因は、最初に舐《な》められたことである。

相手を見ないで親切をしたことがトラブルの原因である。

不当な要求は、様々な形を取った脅しと一緒にやってくる。

譲歩するからトラブルは大きくなる。

気が弱い人でも、高齢者に対してはじわじわと図太くなる人。

「なぜ、あのときに私は自分が譲歩したのか？」を反省しなければ、いつかまた同じように騙される。


彼らはヒルみたいな人。

ヒルは血を吸っているときに落ちない。

「チクッ」としたときにはすでに全部吸われている。

第2章
もめごとに巻き込まれやすい人のものの見方、考え方

1 「一面的な視点」でとらえる

「あんなにしてあげたのに」と不満になる理由

人間関係でトラブル続きの人の中には一面的な視点の人が多い。

例えば「皆は恩知らずだ」と怒り心頭に発している人がいる。

よく聞いてみると「あいつには困ったときにお金を貸してあげた」と言う。それなのにその後自分に対して礼儀を尽くさないと、その人を恨んでいる。

たしかに困ったときにお金を貸してもらってその後礼儀を欠くというのは望ましいことではない。しかしその人は「自分が相手にお金を貸すときの態度」を考えていない。

「いくら貸したか」という結果しか考えていない。しかし問題は「どういうふうに貸したのか」という態度である。そういう人は恩着せがましく貸しているのかもしれない。

十万円を恩着せがましく貸すよりも、一万円笑って貸してあげたほうが感謝されるかもしれない。

相手の態度に不満な人は、相手から見て自分の態度はどう感じられるかという視点が全くといっていいほどない。

とにかく一面的な視点の人はトラブルを招きやすい。自分達が常に「正義」で、相手を責める人はトラブルを招きやすい。

トラブルの多い人は、相手の気持ちをくみ取らないで、正義を主張する人である。

もっと言えば、一面的な視点の人はある意味で心が曲がっている人なのである。

心が曲がっているとトラブルを招きやすい。

例えば物を贈るときに短いメッセージを書く。あるいは手紙をそえる。それが心である。

相手に対する心がないと短いメッセージでもなかなか書けないし、手紙も書けない。

だがそのような日常の積み重ねが人間関係の信頼を呼んでくるのである。日常生活の細々したことをいいかげんにしていて、よい人間関係を望んでも無理である。

「あんなにしてあげたのに」と不満になる人は「私は物をあげた」という視点しかない。「どうあげたか」という視点がない。

どうせプレゼントをするなら徹底的にしてあげること。人間関係で不満になる人はその点、中途半端なのである。

ものを与えるときに嬉々として行う人とイヤイヤ行う人がいる。同じあげても、もらう人の気持ちは違う。

「嬉々として」ということは、見返りを求めないでということである。これができればこれに越したことはない。

トラブルの原因は多くの場合、行動ではなく、行動の動機にある。つまりその人が行動をするときの、その人の感情である。

トラブルを起こす人は、いろいろと人のために尽くすのだけれども嬉々としては尽くさない。そこで尽くしながらも相手から感謝されない。そうすると面白くない。その面白くない気持ちが心の底にあるから、次に接するときにトラブルになる。

要するに、していることがしたくないことなのである。無理をしている。

また「もらうことばかり考えている」人は人に少しでも与えれば、ものすごいことをしたように感じる。

しかし相手は当然そのようには感じていない。そこでトラブルが生まれる。

自分のことでいっぱいだから、他人の視点で考えられない

「ほとんどの神経症者は、愛されたいという過度な欲望の持ち主であるが、愛する気持ちはあまりない」「彼らは、たえず自分や自分の問題で頭がいっぱいだから、人の面倒を見るだけの時間やエネルギーもないし、そうする気持ちもない」(注1)とアメリカの臨床心理学者エリスは述べているが、まさに神経症者は一面的な視点の人である。

自己執着が強いので、他人から見た視点に立つことができない。

「自分の問題で頭がいっぱい」ということを親と子どもに置き換えてみればよく分かるであろう。

子どもがケガをしたときには母親は子どものことで頭がいっぱいで他のことに気がまわらない。あるいは子どもが受験のときには母親は子どもの受験のことで頭がいっぱいで他のことに気がまわらない。

自己執着の人は自分が自分のことで頭がいっぱいで、他の人のことにまで気がまわらないのである。

他人に迷惑をかけても迷惑をかけているということに気がついていない。だから神経症者はいよいよ孤立してしまう。

あるいは被害者意識からしか物事を見られない人もいる。一面的な視点の人である。逆に過度の加害者意識を持つ人もいる。その中には被害者意識からの反動形成のような人もいるに違いない。

実際は被害者ではないのに被害者意識で行動をするから、どうしても人間関係でトラブルを起こす。

いつもトラブルを起こす人は、一度自分の視点の他にもう一つ別の視点でものを見る練習をすることである。

よく売れっ子の講演者について批判を聞く。

つまり「あまり勉強をしていない、あまりきちんと考えていない、そうした点ではいいかげんな人が、講演でもてはやされる」という批判である。

たしかに高額な講演料を払われている人達が、あまりにもいいかげんな内容を話しているということはあるだろう。

しかし講演を聴きに来る人の側に視点を変えてみる。

楽しそうに笑い、幸せそうな人である。講演者が楽しそうだから、聴衆はその人の話を聞いて気分よくなるのであろう。

逆に真剣に勉強をしている人だが、不満な顔をして講演する人が嫌われるのも分かる。

講演者への批判の内容も正しいだろうが、視点を変えると正しくもない。

当事者の視点と観察者の視点は違う。だから人生は当事者にとって悲劇だが、観察者にとっては喜劇になるのである。

嫁姑《しゅうとめ》関係はイヤだけれども、姑は子どもをみてくれる。そこで「おばあちゃんがいい、核家族はダメ」と言う。

いいとこだけ欲しいというのがわがまま。このわがままな態度がトラブルの原因。

今の人は本当に好きなことがない。

本当に好きなことをしていれば、子どもとおばあちゃんに申し訳ないという気持ちになるから、姑がいてもいいと思う。そう思うと嫁の態度が違ってくる。姑の気持ちも変わってくる。

嫁姑のトラブルの原因は、「本当に好きなことがない」ことである場合もある。

2　相手に期待してはいけないことを期待する

「間違った期待」をするから失望する

泳げない猿が、自分は泳げないと言って自分を軽蔑したら、あなたはどう思うか。

それにしても、なぜ猿は泳げない自分を軽蔑したのか。

それは猿に向かって「なぜあなたは泳げないの？」と言った人がいたからである。

魚が水のなかで頑張ったなら、どんなに頑張っても燃え尽きない。


あっちでもこっちでもトラブルを起こす人がいる。

そういう人には能動的なエネルギーがない。怒りと憎しみしかない。自分の人生に適切な目的がない。

犬にしかお手を教えられない。ヘビには教えられない。


なぜトラブルは起きるのか？

もし「魚に泳ぐことを期待し、猿に木登りを期待」することができれば、すべてのことはうまくいく。

相手に期待すべきものを期待することで、お互いに幸せになれる。

そうしてこそ相手からベストを引き出せる。会社は順調に回転し、従業員もハッピー・ハッピーになれる。子どもはすくすくと成長し、親も子もハッピー・ハッピーになれる。

しかし、もし逆に「猿に泳ぐことを期待し、魚に木登りを期待」すれば、すべてはまずくいく。期待すべきでないものを期待することでお互いに不幸せになる。

「相手に期待すべきものを期待する」そして「相手に期待してはいけないことをあきらめる」。

それをあきらめきれないから、社員も社長も努力しながらも会社は倒産し、親は子どものために働きつつ、親子は憎みあう。

相手の特性、考え方、感じ方、過去からの積み重ねとしてでき上がった性格を知れば、相手には期待してはいけないことがある。

それが知恵である。

アメリカのシーベリーという心理学者が「白鳥によい声で鳴くことを期待するのは

期待するほうが間違っている」と述べている。

難しいことではあるが、相手の身になって考えれば「その人に何を期待し、何を期待してはいけないか」が分かる。

私達は、相手の立場に立って考えないために、その人に期待することがおかしいことを期待する。

そのことで、どれほどの怒りや失望というマイナスの感情に悩まされているだろうか。

どれほどいろいろな人間関係のトラブルを起こしているだろうか。

上司は部下の無能を嘆き、頭を抱える。部下は上司の利己主義に怒りを覚え、会社を辞めたいと思う。そしてお互いに不信と恨みを持ちつつ結局は同じ職場で働く。

しかし、もしかしたら上司は部下の性質や生まれてからの環境で積み重ねられた感情的記憶を理解していたら、まったく逆になっていたかもしれない。

もし生まれてからの環境で積み重ねられた感情的記憶を理解していないなら、お互いに真面目で努力家で善人でも上司と部下の関係はうまくいかない。お互いの言い分が正しくてもうまくいかない。

努力とか、善意とか、真面目とか、忍耐とか、そういうことだけで人間関係はうまくいくものではない。

相手の感情の伝達の回路を考慮に入れなければ、人間関係はうまくいかない。

しかし黙っていては、相手は何がイヤで、何が得意で、何をしたいのかが分からない。

恋愛でも同じである。相手のすることを「バカらしい、そんなことに何の意味があるのだ」と思うことがあろう。しかしそれは男性にとって意味のないバカらしいことでも、女性にとっては意味のあることなのである。

ある人にとって意味のある行為と、その恋人にとって意味のある行為とは違う。その違いを理解しないことから、男は女を蔑《さげす》み、女は男を冷たい人と嫌う。そしてトラブルを起こして恋の熱が冷める。

相手と自分の諸々の違いを考えることを通して、人間関係の不要なトラブルを避けられるようになるのではなかろうか。

相手の視点で考えるということの第一の意味は、「魚に泳ぐことを期待し、猿に木登りを期待すること」であるが、第二には「その猿にどう期待し、どう期待してはいけないかを知るため」である。

例えば、すぐに答えを求めてはいけない慎重なタイプのビジネスパーソンもいる。

時間をかければ、いろいろなアイディアも正しい判断もできるビジネスパーソンがいる。

時間をかけて考えれば、いいアイディアを出せる部下に、すぐにアイディアを出すことを求めて失敗する上司もいるだろう。

「馬鹿と鋏《はさみ》は使いよう」という格言があるが、人間は誰でも使いようなのである。「人間と鋏は使いよう」なのである。

相手の身になって「見る」こと

また相手の「ある状態」をどう見るかも、視点で違ってくる。その人の持って生まれた性質や、その人がどのような環境で育ったかによってでき上がった性格によって、「ある状態」の意味が違ってくる。

またこちらが相手をどう見ているかによって、さらに大きく違ってくる。

仕事に「熱中していない」人を見て、どう判断したらいいのか。「熱中していないからといって、興味がない」と判断していい人もいれば、「熱中していないからといって、興味がない」と判断してはいけない人もいる。

どうも彼はこのプロジェクトに今熱中していない、興味がないのだろう、配置替えをしようかと考える上司もいるだろう。

その上司はその部下のことを思っているのであるが、部下のためになることをしているかどうかは、別の問題である。

正しい判断をするためには、一人一人をじっくりと見て判断しなければならない。

例えば自分はその部下を好きか、その部下を認めているかを相手の身になって考えてみる。

相手を認めるときに、相手はこちらのことも認めてくれる。自分が相手を認めないでおいて、相手が自分の期待通りに動かないと言って怒っても、それは無理な話である。

どんなに目的がよいことでも、部下を軽蔑している上司は、部下の協力を得られない。

上司と部下が逆になっても同じである。

よくビジネス書には「上司を煽てろ」とか「部下を誉めろ」とか書いてある。

しかし「相手の身になって」誉めることである。

ライオンに「あなたは強い」と誉めてもライオンは喜ばない。

「あなたがいるから森は安全です」と言われるからライオンは喜ぶ。

こちらが「相手の身になって」相手を見つめるときに、相手もこちらを見つめる。人の意見を聞かない人は、自分で自分の首を絞めている。

ささいな言葉で傷つくのは、「相手の脳のタイプ」を知らないから

人の違いには感情的記憶の違いの他に、例えば脳のタイプの違いもある。相手の脳のタイプを知らないことでどれほど多くの誤解が生じていることだろうか。どれほど多くのトラブルが生じていることだろうか。

傷つきやすい人がいる。相手は傷つけようとしてその言葉を言っているのではない。しかし聞いたほうは傷つく。

例えば私が訳した『ブレイン・スタイル』（マーレーン・ミラー著、講談社）という本は、人を四つの脳のタイプに分けている。

そこにゴルフをしているときの例が挙がっている。

コンセプター（非抑制型の人。新しい未知の状況に恐れない。仕切るのが好き。対立を避けない）という脳のタイプのドンは、一緒に回っている相手のゴルフのやり方のことしか頭にない。相手の気持ちをあまり考慮しない。

そこで「こうしたらよくなる」と、そのことだけを考えて相手のメリーに注意をす

る。

ドンにはメリーを傷つける気持ちなどどこにもない。ドンの頭には「どうしたらメリーがうまくゴルフができるか」しかないのである。

しかしそのことがかえってメリーを傷つける結果になる。もう少しドンの頭に常識的なこと、俗なことがあり、ドンがそれにしたがって言葉を吐いていたら、メリーを傷つけなかったかもしれない。

自分が傷ついたとき、その言葉を言ったのは誰なのかを注意することである。

今述べているコンセプターという脳のタイプであるなら、この人の頭の中には「何もないな」と思うことである。その今言っている言葉しかない。

その言葉が相手に対してどういう受け取り方をされるかを考えていない。ただ当面の問題に気を完全に奪われている。

その言葉に「傷ついた」と言えば相手は驚くだろう。なぜなら相手の頭にはその言葉以外には何もないし、他に何も考えていないのだから。

このゴルフの例で言えば、メリーが「こうしたらよくなる」ということしかドンの頭にはない。そしてそのことにドンは夢中になっている。

これほど純粋な人もいないが、これほど頭にくる人もいないであろう。

つまりここで大切なのは、ドンは「ゴルフが下手だから、おまえはダメな女だ」とは全く思っていないということである。

ドンの中には何の価値判断もない。ゴルフが上手い人が価値のある人、ゴルフの下手な人が価値のない人というような価値基準はドンの頭の中には全くない。

ゴルフの上手下手と人間の価値とがドンの中で全く結びついていない。

ただ「こうしたらよくなる」しかドンの頭の中にはない。ドンの言葉をこちらが拡大解釈して自分の価値と関連させて聞いてしまうから、傷つくのである。

こちらを傷つけているのは相手の言葉ではなく、こちらの価値観である。

もし「ゴルフが下手だから、おまえはダメな女だ」という価値観がドンにあったら、ドンはメリーにずけずけとは言わないだろう。

ゴルフだけではなく、一般的に自分の言葉で相手が「傷ついている」とコンセプターという脳のタイプは思っていない。

そう言ったら「何で?」とコンセプターは驚くのではないだろうか。コンセプターにはなぜコンシリエーター（抑制型の人。対立を避ける。人間関係で我慢する。溜めて爆発する）という脳のタイプの人が、かくも容易に傷つくのか理解できない。

コンセプターにしてみれば「何で、そんなに怒るのや、ただ、『こうしたらええ』

と言っているだけやんか」ということだろう。

しかしコンシリエーターにしてみれば、そうはいかないということである。

もちろん世の中にはこちらを傷つけようと、いろいろなことを言う人がいる。それは今ここで話していることとは別の問題である。

ここで言いたいのは、相手と自分の違いを考慮に入れれば、相手の言うことで、傷つくことはないということである。

人は相手の言葉をどう受け取るかで傷ついたり、傷つかなかったりする。

もう一つ『ブレイン・スタイル』から引用する。

ブレイン・スタイルについて知ったばかりのある若い女性は、臨時秘書として仕事と仕事の間にいた。

新しい任務についた初日、上司は彼女をコピー機に連れて行き、彼女がそれをどう使うべきかについての初歩的で段階ごとの説明をし始めた。

彼女は「最初、自分の耳を疑った」と報告した。

「彼はどうやって紙を入れるか、どんなバカでも読めることを教えた。が私はとっさに気づいた。彼は私を見下して気を変にさせようとしているのではない。彼はデリバレイター（訳者注：動物でいえばウサギである。たえず耳を立てて周囲を用心深く観察して情報を集めている。とにかく慎重である。時代の先端を行こうとするけど行動しない）なのだ、周到になっているのだ！　以前だったら侮辱され、心の中で叫んで、その場を立ち去った。」

第一段階で、彼女は、彼の行動が彼の長所の結果であることに気づき、第二段階で、二人の相違に可能性を見出した。

これがパラダイムシフトと言われるものである。

彼女は続けた、「今は、彼が役に立とうとしていたと分かるから、リラックスして聞くことができた。これは今までは私にとっては難しいことだった。」

第三段階、彼女は状況を個人的に解釈することはせず、状況を客観視することができた。

彼と仕事をするうちに、彼女は「今までは絶対に打ち解けられなかったような」人と「リラックス」してつきあえるようになった。

3　自分の権利に執着する

「自分は正しい」「相手は○○すべきだ」と思っていませんか

過剰なまでの規範意識を持っている人がいる。たしかに義務を果たそうという努力はしている。

これで人間関係はうまくいきそうだけれども、そうはいかない。逆に、トラブル続きの人ということもある。

普通の執着性格者の義務責任感は自分の権利という方向ではなく、他人に好かれるための義務責任感になる。

トラブル・メーカーになる人は、それが自分の権利という方向に向かってしまった。彼から見ると、自分の権利をおかされるから、なおのこと権利に執着する。

だいたい権利に執着する人はエネルギーがない。

そういう人は他人に嫌われる。他人はその人が嫌いだから、その人の言うことに対して好意的に反応しない。

しかし本人は「自分は正しいことをしている」という意識が強い。だから彼らは他者に対して常に「けしからん」という意識を持つ。

周囲の人がその人に反対するのは、その人の言っていることが間違っているからではない。その人が嫌いだからである。

しかし自分が嫌われているから、周囲の人が自分の言うことに賛成しないということが分からない。そこで「けしからん」という気持ちになる。

規範意識が自分の権利という方向に向かってしまうのが、非抑制型の人である。

自分がこうしなければということよりも、他人が「こうすべきだ」というようになってしまう。

神経症者が「べき」の暴君に支配されるように、非抑制型の人は他人に対して「べき」の暴君になる。

規範は他人が守るべきものになる。

人間の社会的な位置というのは理屈だけで決まるわけではない。

人々が反応するのはその人が「正しいことをする人かどうか」ばかりではない。

好かれる性格とか、嫌われる性格とか、優しい人とか冷たい人とか、有能な人とか、有能でない人とか、常識があるとかないとか、ルックスとか、お金とか、実に様々な要因で、周囲の人の気持ちは決まっていく。

人の評価はトータルなもので決まっていく。

しかし規範意識が自分の権利という方向に向かってしまうトラブル・メーカーの人は、理屈が通らないと怒る。

彼らも「自分の言うことは正しいのに、なぜ通らないのか？」ということを考えられるようになれば大きく伸びるのである。

その反省がないのが非抑制型の人の弱点である。

他人に思いやりを欠いて、自分の権利ばかり主張するから自分は嫌われているということが理解できない。

自分と向き合わないことが、彼らの悲劇を生む。

他人が評価する自分と自分が思っている自分とに違いがありすぎる人というのは、あちこちでトラブルを起こす。

自己評価と他者評価のズレが問題

よく「問題の人」というのがいる。そういう人は自我像と、現実のその人との間に開きがありすぎる。

精神分析学者カレン・ホルナイの著作(注2)から神経症的要求なるものをまとめて考えてみると、神経症者が他人とうまくいかないのはよく理解できる。

神経症者というのは、「皆は自分に奉仕すべきだ」と思っているし、何か自分の望みを妨げるものが現れるとものすごく怒る。「自分は困らされるのはおかしい」と思っている。

したがって何か困ったら、それは他人がおかしい。「自分の望みは叶えられるべき」なのだから。

自分の望みを叶えるために、皆が協力するのは当たり前で、もし協力しなければけしからん。

しかし自分が逆に他人の望みを叶えるために、協力するなどということは考えられないし、そのようなことを求める人がいれば、正にその人はけしからん人になる。

4　人格発達が未熟

出会ったばかりで「あの人、すごくいい人」と言う人

誰かに会うと、深いつきあいもないうちに途端に「あの人、すごくいい人」と全面的に相手を肯定する人がいる。

「あの人、すごくいい人」というのは、まさに全面的自我同一性とでも言いたいような同一化である。

しかしその全面的肯定が、すぐに全面的否定になることがある。これが情緒的未成熟の特徴である。

相手と部分的自我同一化ができなくて、同一化は常に全面的自我同一化になってしまう。それに失敗すると相手の全面的否定になる。

これで人間関係のトラブルが起きないほうがおかしい。

そしていったんトラブルが起きると、なかなかトラブルが解決しない。それが情緒的未成熟な人のトラブルの特徴である。

男女間には男と女の関係しかないという考え方

自我同一性の内容が貧しければ貧しいほど人間関係のトラブルは多くなる。多様な人間関係が維持できなくなってくるからである。

例えば男性と女性の間でも男と女の関係しかなくなる。人間としての親しさがなくなる。そうすればトラブルは避けられない。

昔、高校時代に夜を徹して「男と女の間に友情は可能か」という議論を仲間同士でした記憶がある。これが我々の高校生当時の自我同一性の内容が貧しかったということである。

自我同一性形成の過程で、部分的同一化の体験がなかったのだろう。親しさにもいろいろな色がある。一色ではない。

自我同一性が確立すればするほど、様々な色の親しい人間関係が維持できる。人間関係のトラブルは少なくなる。

5　自分の「位置」が分からない

自分を大きく立派に見せなくていい

あるアメリカの格言集(注3)を訳していたら次のような言葉があった。

「収入に見合った生活をすること。」

これは収入についてばかり言えることではない。快適な人間関係を持って社会生活をしたいなら、収入に見合った生活をすると同時に自分の社会的立場にふさわしい行動をすることである。

見ていると、何が見合った生活なのかという基準が分からない人がいる。

周囲とゴタゴタを起こす人は、どういう基準で自分が生活したらいいのか分かっていないのである。

そういう人はエベレストに登っていなくても、エベレストに登った名誉が欲しい。

人生のトラブルが多い人は、楽をしてそこの位置に行きたい。そうしているうちに、自分はエベレストに登っていないということが分からなくなってしまう。これが自分の位置が分からないということである。

自分は万引きをしていても、「あれは許せない」というようなタイプである。

周囲の人から「あの人がでしゃばりでなかったら、どんなに助かるだろう」と思われる人がいる。その人がでしゃばりでなければ使いたいと上司は思う。有能な人でもある。しかし「あいつは」と人々がその人を使うのに、二の足を踏む。

それはその人が、でしゃばりだからである。

係長のうちから課長の態度をしたがる。新人のうちから主任の役割をしたがる。

自分を立派に見せようとすることで、トラブルが発生する。

知人のうちから友人のふりをしたがる。友人のうちから恋人として振る舞いたがる。

補欠の選手のうちから正選手の脚光を浴びたがる。中堅どころのビジネスパーソンのうちから大物のビジネスパーソンの出るような会合に出席したがる。素人のくせに専門家のような顔をしたがる。

神経症者は山登りには興味がないが、頂上にいたい。(注4)

だから神経症者はトラブルを起こす。

神経症者の目的は自己実現ではなく、自己栄光化である。自己栄光化は神経症的解決である自分の位置が分かっている人はトラブルが少ない。自己実現が目的の人はトラブルが少ない。

それはなかなか騙されない人でもある。おいしい話が来たときに「おかしいな、こんないい話が自分のところまで来るとは」と思う。

まさに自分の位置が分かっている人である。

自分自身を買いかぶらないこと

六人家族で末の妹が葬式で喪主の役割をしようとする。そうすると親族の人はその人の存在が困ることになる。

要するに、広い意味で自分の能力よりも大きな立場を要求する人は、何が自分に見合った生活であるかという基準が分からないのである。

社会がその人に期待する役割を果たす人は社会から尊重される。そして人は誰でも社会から何かを期待されている。

社会と言って大袈裟《おおげさ》なら、周囲の人々でもいい。あるいは会社と言ってもいい。あるいは仲間内と言ってもいい。家族でもいい。人は誰でも周囲の人から何かを期待されている。

ところがその期待されている役割と違った役割を果たそうとするから、周囲の人からイヤがられる。

周囲とゴタゴタの多い人はたいてい周囲の期待する役割と違った役割を演じようとしている。しかし周囲はそれを望まない。そこで本人はいつも不満でいらいらすることになる。見合った生活の基準を間違っているのである。

ある英語学校の先生である。初級のコースの先生なのに「私は○○大学を卒業し、アメリカにも行ったし」ということで、初級の英語を教えたがらないで、偉そうな話ばかりしている。

生徒も嫌気がさしてその先生を尊敬しない。やがて辞めさせられた。その先生はいつも面白くなさそうな顔をしていた。

彼は自分の位置が分からなくなっていた。教える相手が誰だか分かっていない。

立派な人とは自分を受け入れている人である。そこを理解していない。

受け入れている人は知恵がある。

自分を実際以上に立派に見せようとすると、トラブルが起きる。自信がないとき、トラブルが起きる。何かを見せようとすると、トラブルが起きる。

ある人が学長という名前に飛びつく。そしてノイローゼになった。

「現実の自分」を考えたら、自分はその器ではないと分かる。そうしたらトラブルが少ない。

「カササギとカラス」の教訓

イソップ物語に「カササギとカラス」という話がある。形は他のカササギと比較すれば大きくて立派だが、心が傲慢なカササギがいた。そして仲間をバカにしていた。

そこでカラスのところへ来て、一緒に住まわせてくれと言う。ところが、カラスは、そのカササギの形も声もカラスとは違うので、当然断る。断られたカササギは仕方なくカササギのところへ戻るが、もう仲間のカササギは頭に来ているから、それを断る。

この話は二つのことを教えてくれる。

一つはカササギはカササギで、カラスはカラスだということである。自分を忘れてはいけないという教えである。自分の特徴を忘れて人の真似をした生き方をしてはいけないという教えである。

もう一つある。それはこのカササギは誰からも嫌われるタイプであるということである。

もしこのカササギが優しかったらカラスは受け入れていたかもしれない。カササギという仲間とうまくやれない人は、カラスという仲間ともうまくやれない。

天才や特別な才能を持った人は別にして、多くの場合ある会社でうまくやれない人は、別の会社に行ってもうまくやれないことが多い。

世の中には「ゴタちゃん」と言われる人達がいる。どこにいってもゴタゴタを起こす人である。まさに「心が傲慢なカササギ」である。

このカササギは認められたいのに、仲間から認められていない。自分がこんなに大きな体なのに、なぜ自分が認められないのかが理解できない。

拒否されているのはこのカササギの心のあり方なのである。

カササギがカササギとして生きていれば、傲慢なカササギに比べてトラブルは少ない。

カササギについてはイソップ物語にもう一つ次のような話がある。

「ワシが高い岩の上から飛んできて、ヒツジをさらう。それを見ていたカササギが羨《うらや》ましくなって、真似をする。そこで、羽をバタバタやって、牡ヒツジにとびかかったが、ツメがヒツジの毛にひっかかって、飛び上がることができない。

バタバタしているうちに、ヒツジ飼いが駆けつけてカササギをつかまえてしまった。そして、カササギの羽の先を切ってから、夕方になったので、子どもたちのところへ持って帰った。

子どもたちが、それはなんの鳥ですかと聞くと、ヒツジ飼いは次のように答えた。

「私はカササギと思うが、これに言わせると、ワシだそうだ」

自分がカササギなのにワシの真似をしようとするとトラブルになる。これは人生でトラブルを起こす一つの典型的なパターンである。

この二つの話で「トラブルでその人が見える」ということが分かる。

この場合で言えば、トラブルでその人が傲慢で、自分の位置を忘れているということが見えてくる。

しかしそれはこの人を非難しているのではない。こうなるにはこうなる理由がきちんとある。こういう人はありのままの自分が許されない人間環境の中で成長したのである。

自分を理解することとは、自分が成長した人間環境を理解することである。

被害者意識が強いのは、大人になりきれていないから

収入に見合った生活と同時に大切なのは、自分の感情的能力に見合った生活である。

疑似成長している人は能力的に背負えない責任を背負ってしまう。

心理的に三〇歳の能力がないのに、社会的に三〇歳の責任を背負う。背負えるはずがない。だから心理的に成長できなかった人は、いつも被害者意識を持つのである。

背負える能力がないのに背負うから、背負わされたという感覚になる。被害にあったという意識になる。それが悔しい。その結果、周りの人が憎らしい。

心理的に四〇歳になったら、人に何かをしてあげることが嬉しい。それが嬉しいから人に何かをしてあげる立場に立てる。

しかし人に何かをしてもらいたい感情を持ちながら、人に何かをしてあげなければならないから、苦しい。悔しさと憎らしさになる。周囲の人を殺したい。

そういう人は感情が四〇歳の感情になっていない。

父親になっても父親の感情になっていない。三歳の感情で父親になれば、父親の仕事をしたら、被害者意識になるのが当たり前であろう。

心理的に四〇歳なら嬉しいことが、その人にとっては苦しみになる。

小さい頃は、愛ということは「愛される」ことである。つまり「愛される」ことが当たり前のときに「愛する」ことをしなければならなくなったらどうなるか？　それは地獄である。

つまり本来天国である立場が、疑似成長している人にとっては地獄になる。

アメリカの心理学者マズローは疑似成長という言葉を使っている。それは満たされていない欲求をやりすごすことによって疑似的に成長しているように見せることである。

このような欲求は、たえず無意識的な力として固執されるとマズローは言う。

疑似成長は恐怖で成長した人々。納得して成長していない。

依存心が強いのに、自立しているように見せている。自立しているフリをして生きている。しかし実際には無意識にある依存心に固執している。

この見せている自分と「実際の自分」とのギャップに苦しむ。

だから今の悩みはツケだと認識できれば、苦しみは半減する。ツケを払うことで、疑似成長が本当の成長になる契機になる。

つまりツケを払っているときには、土台を作っているときである。

疑似成長はもっとも大切なことをおろそかにしてきた。今それをしているのである。

疑似成長は企業で言えば粉飾決算のようなものである。粉飾した業績を公表して株価をつり上げて、企業価値を実態よりも過大に見せかける。

優良企業に見えながら、実は単なる赤字企業に過ぎないということである。

疑似成長した人も、立派な大人に見えるが、実は単に情緒的に未成熟な人ということに過ぎない。

疑似成長の典型が燃え尽き症候群である。

本当に心理的成長している人は失敗に強い。燃え尽き症候群の人は弱さを隠す。しかし自分の弱さを認めると、優しさが出る。そして心理的成長をする。対人恐怖症も治る。

何でも相手のせいにして責める「子どもの論理」

大人になるということは、自分が決めたことの結果に対して責任を持つということである。例えば自分が病院なり、学校なり、ある人との交渉なり、どこでもいいがとにかくどこかに行こうか、行くまいかと迷っているとする。

そして行かないほうに決めようとした。そんなときにふと上司あるいは親、恋人、友人等に出会い、相談した。すると「行ったほうがいいよ」と言われた。そこでイヤだけど行くことにした。

しかし結果は行かないほうがよかったとする。そんなときに行くことを勧めた人を感情的に責めているとどうかということである。

子どもは責める。「ぼくは行かないつもりだったのに、おかあさんが行けと言ったから、行ったんじゃーないか」と母親を責める。

大人なら誰でも理屈としては分かっている。自分が行くと決めたのだと分かっている。責任は自分にあると頭では分かっている。自分の意志が問題であると頭では分かっている。それが分からなければ問題外である。

問題は感情的に相手を責めているかどうかである。

「行くことを勧めた」相手に対して感情的に面白くなければ、その人はやはり「まだ子ども」だと言うべきであろう。

要するに子どもは責任転嫁をする。「悪いのはいつも相手」、これが子どもの感情の動きである。別の言い方をすれば「自分は常に悪くない」。

大人になってこのような感情の動きをすれば、それは神経症である。当然、人間関係でトラブルは起きる。

6　相手を見て行動していない

相手を見る心の余裕とコミュニケーション力の関係

コミュニケーションできない人は何よりも相手を見ていない。相手が「こういう人間だ」という解釈をしない。自分の心の葛藤に気をとられていて、相手がどういう人だかということに気がまわらない。

自己執着の強い人は相手を見ていない。つまりコミュニケーションができない。憎しみがあって自分も相手も見えないのが執着性格者である。真面目で仕事熱心だけれども、人を見抜く力のない人である。

自分の心の通路がどうなっているかということと、相手の心の通路がどうなっているかということを見ることがコミュニケーションには先決である。

相手を見る能力を開発するためには、まず何でもいいから自分の周囲にいる人について説明をしてみる。

「あの人は、人を信じていない」でも「あの人は誠実な人だ」でも、「あの人は好き勝手にしているように見えるけれども、本当は欲求不満な人だ」でも、「あの人は愛想がいいが、自分の利益だけを考えている」でも、「あの人は自分が分かっていなくて無防備だ」でも、「あの人はエネルギッシュな人だ」でもいい。

最後の「あの人はエネルギッシュな人だ」などということは、あまりにもバカらしいと思う人がいるかもしれない。

しかし相手を見ていない人は、自分の周囲にいる人がエネルギッシュな人か、生命力が落ちている人かも分からなくなっている。そこまで自分にとらわれている。

さらに動き回っているからエネルギッシュに見えるが、あの人は不安なだけだとか、興味や関心と愛からエネルギッシュだとかを見ていない。

相手がどういう人間かを理解しないで、人のために尽くす人が多い。ナルシシストである。

恋愛でも上司と部下の間でも先生と学生の間でも、相手の性質を知らないで相手のために努力する人がいる。自分のしていることが相手にとって、どういう意味を持っているかを考えないで相手に尽くす。

こういうことをすれば相手がどういうように反応するかを予測しない。そして予測がはずれると不満になり、怒りでトラブルになる。予測をしないで、勝手に相手を決めていて、期待が外れると怒る、「恩知らず」と嘆く。

例えば子育てノイローゼの親がそうである。

親は子どものためにすべてをなげうってもよいと思っている。子どもの幸せを願って日夜働いているつもりである。それでも子どもは順調に育つとは限らない。

結果は子どもが親を罵《ののし》るようになるということもある。親はそれに耐えられない。子どものためと思って今までひたすら頑張ってきたのだから、子どもがなぜそのようになるのかを理解できない。

そこで我慢できなくて親子が衝突する。親は子どもを罵る。子どもが家を出て行く。親も子どももお互いに「もう顔も見たくない」と怒る。

親子はお互いに自分も相手も見えていない。お互いに自分の心の葛藤に気をとらわれていて相手を見ていない。

こうならないためにも、まず相手を説明してみる訓練をする。感情が入る前に、日常的に相手を見る訓練をする。

心の通路が広い人、狭い人

心の通路が通っていないということは、お互いに自分の心の葛藤に気を奪われて相手に関心がないということである。

心理的にお互いに無関心ということを、現実に置き換えてみるとどうなるか。マンションに住んでいて隣の人が死んでいるかどうかも分からない。それが大都会の孤独である。隣の家はいつもカーテンが閉まっている。新聞受けに新聞が溜まっている。それに気がつかない。隣の人に関心がなければ隣がどうなっても関係ない。

つまり他人が髭《ひげ》を生やしてやつれていても、やつれていることに気がつかない。恋愛をして顔が輝いていても、顔が輝いていることに気がつかない。

相手がどのような人であるかを理解するということと、自分の心の通路を大きくするということは同じことである。

「自分は今相手の何に気がついていないか？」と考えることは、そのまま「心の通路を大きくすることなのである。

自分のことにばかり気を取られていて、相手に全く関心がいかない。それが心の通路が狭い人である。

相手に関心があるかないかが心の通路が大きいか小さいかに比例する。

「相手を知ることの大切さ」が分かるイソップ物語

私はイソップ物語をいろいろなところで書いているが、ここでは「なぜ人はトラブルを起こすのか？」ということについてまとめてふれてみたい。

イソップ物語にミツバチとミツバチを飼っている人の次のような話が出ている。

ミツバチを飼っている人の留守に、ある人がミツバチ小屋に来て、ミツのつまっているハチの巣を持っていってしまいました。

持ち主が戻ってきてみると、箱の中が空っぽになっているので、そこにつっ立って、どうしたことかとあたりを見まわしました。そこへミツを吸いに行っていたハチがみんな戻ってきて、持ち主を見ると、針で刺した。そこで持ち主はハチに言いました。

「ひどいやつだ。お前達のミツを盗んだものをそのままにしておいて、お前達の世話をしている私を刺すのか」

しかしハチは人間のようには物事が分かっていないのである。だからハチを飼う以上、大切なのはハチの習性を知っていることである。ハチの習性を知らないでハチを飼うからこのようなことになる。

人を扱うときにも、とにかく相手を知ることが何よりも大切である。「自分はこうだ」と主張してみても始まらない。正しいことが、そのまま通れば世の中苦労しない。

大切なのは「ここにいる人達はどんな人だろう」と考えて、こちらの態度を決めなければならない。

「こいつらは、けしからん！」と騒いでいるだけでは何も解決しなくて、こちらの頭がおかしくなる。ハチの世話をしながらハチに刺されるはめになる。

このハチを飼っている人のようになりたくなければ、相手の本質を知ることである。

イソップ物語に農夫とヘビの次のような話が出ている。

農夫が、冬、寒さのためにかじかんでいるヘビを見つけて、かわいそうに思い、とりあげて懐に入れた。ヘビは温まると本性をあらわして、自分の恩人にかみついて殺した。農夫は死ぬまぎわに言った。

「悪いやつをかわいそうに思ったのだから、こんな目にあうのも当たり前だ」

悪い性質というのはそれほどない。農夫の間違いはヘビの習性を知らないで、そのヘビを懐に入れたことである。ヘビの習性に合わして飼うことが愛情である。ヘビの習性に合わして飼わないでおいて「悪いやつ」と決めつけている農夫に問題がある。

また問題は農夫が何のためにこれをしたかである。目的をしっかりとしておかないと間違いを起こす。農夫はヘビを何のために捕まえたかである。助けるのが目的なら、やはりヘビの習性を知らなければならない。

相手の性質を知り、自分の人生の目的を知れば、トラブルが起きないで納得のいく生き方ができる。相手の性質を知らないと農夫のような「悔しい」目にあう。


イソップ物語に「クルミの木」という次のような話が出ている。


道ばたに植えてあったクルミの木が、実をたくさんつけていた。道をいく人々が、実を落とそうと思って、石を投げたり、棒で突いたりした、そこで、クルミの木は悲しんでいた。

「やれやれ、情けないことだ。せっかく私が実をやろうと思っている人たちから、こんな恩知らずな目にあわされる」

クルミの木の心情と、クルミをとろうとする人の心情との間にずれがある。

クルミの木は分けてあげようと思っているが、それをとろうとする人は与えてくれるとは思っていない。クルミの木は分けてあげようと思っているから、人々のやっている行為が悲しい。

相手の性質を知らないで、私たちはこのようなことをいつもしているのではないか。

「見えないことは、存在しないことではない」

トラブルが起きるのは相手の心が見えないから。

相手の心の葛藤や、相手と自分の感じ方の違いが見えない。それを「ない」と推測して行動するから大きな問題に発展する。

言葉や行動は同じでも、その持つ意味は全く違う。

動機を正しく理解することは他人を正しく理解することであり、コミュニケーションの第一歩である。

人は神経症者になればなるほど人の行動や口先を見て、動機を見ない。

イソップ物語に「ヒツジ飼いとヒツジ」という次のような話が出ている。

あるヒツジ飼いが、ヒツジをカシの林に連れて行ったが、実がいっぱいなっている高いカシの木を見たので、その下に外套をしいておいて、そのカシの木にのぼり、実をふり落とした。ヒツジはカシの実を食べているうちにうっかりして、外套《がいとう》まで引き裂いた。ヒツジ飼いは、おりてきて、それを見て言った。

「悪者め。おまえたちは、毛をほかの人の着物にやりながら、養っている私の着物をだいなしにしてしまった」

ヒツジ飼いはヒツジの性格を知らない。相手の性格を知らないで、トラブルを起こし、相手を恨む人が多い。

相手の性格を知らないで行動した自分を反省しないで、相手のせいにする。人間がトラブルを起こすのはこの部分である。

相手の本質を知っていればトラブルは少ない。前もって予防をするからである。女の本質を知らないから男は恋でトラブるのである。ヒツジ飼いがヒツジの性格を知っていれば、前もって外套を下には置いておかない。

7　相手が自分をどう見ているかを意識していない

「そんなつもりでは…」から生じる誤解

人間関係でトラブルを起こす場合には、お互いに自分自身も相手も見えていないことが多い。

したがってトラブルが起きたときには、まず第一に自分の心の底に正面から向き合おうとすることである。

そして第二に自分は相手の何に気がついていなかったのだろうかと考えることである。

さらに第三に相手は自分をどう見ていたのだろうかと考えることである。

自分は自分を虎と思っていた。しかし相手は自分のことを猫と見ていたかもしれない。

自分は自分を一人前のビジネスパーソンと思っていた。しかし相手は自分のことを半人前のビジネスパーソンと見ていたかもしれない。

ある作家と編集者がトラブルを起こした。作家は自分を一人前の作家と思っていた。編集者はその作家を自分が育ててやるくらいに見ていた。

相手が自分をどう見ているかを間違えていれば、トラブルは起きる。

こちらは相手を友人と思っている。相手はこちらを単なる知人と思っている。当然トラブルは起きる。

この第二と第三は重なっている。とにかく相手が自分をどう見ているかを正しく把握していないとトラブルは起きる。それなしに、どんなに真面目に努力をしても生きていても、ますます迷路に入るだけである。

ナルシシストなども他人が自分をどう見ているかが全く分かっていない。したがって人間関係のトラブルは絶えない。ナルシシストは自己陶酔しているのだから、他人が自分をどう見ているかが分かるはずがない。

自分は一人でいい気になっている。素晴らしい人だと思っている。しかし他人は「たいしたことのないやつ」とか「うぬぼれているだけで鼻持ちならないやつ」とか思っている。

相手から「こう思ってもらいたい」と思うと、相手は自分を「そう思っている」と思い込む人がいる。これもトラブルの原因である。

相手はこちらのことをそれほど尊敬していない。しかし相手から尊敬されたい。すると尊敬されていると思ってしまう人もいる。

とにかく相手がこちらをどう評価しているかを正しく理解しなければ、トラブルは起きる。ことに初めての人とかよく知らない人と接するときには、相手がこちらをどう評価しているかを見極めなければならない。

相手がこちらを低く評価している。さらに相手は傲慢である。そんな相手に下手に出たら大変なことになる。

しかし世の中には謙遜がよいことだと思って、相手を見ないで下手に出る人がいる。相手からよく思ってもらおうとして下手に出る。「謙遜することはよいことである」というのはこちらの価値観である。それに気がつかない。

状況によっては、直接相手にこちらの利益を強く主張することが双方にとって望ましいこともある。それは状況次第である。

トラブルを起こす人は相手も状況も見ない。自分の価値観だけで動く。

相手が見えない人は、根っこがない。人が「自分をどう思うか」だけに囚われているから、自分には根がない。大地に根を生やし生きていない。

ビジネスでもそうである。相手はこちらを軽く考えている。ところがこちらは相手から重んじられたいと願っている。

重んじられていれば取引はうまくいく。相手から重んじられていると思うほうがすべて都合がいい。そう強く願うと客観的に相手を見られなくなる。

途中で「あれ、変だな」と思っても、願いが強いとその懐疑を消してしまう。

しかし最後には大きなトラブルになる。

トラブルはどうして起きるか？

トラブルが起きるのは相手の心が見えないからである。見えないことは、存在しないことではない。大きなトラブルを避けるためには、相手と話しているときに「この人は、何を言いたいのか？」と考えることである。

大企業出身者が定年後に騙される理由

自分が相手を冷静に見られなかったのには、いろいろと理由があるだろう。

相手を冷静に見られなかった不注意や自分の自惚《うぬぼ》れや気のゆるみ等々いろいろとある。

そんなに親切にしてくれるはずがないのに、親切にされた。「へんだな」と思わない、あるいは思っても便利だからそのままにしてしまう。

相手は騙そうとして近づいてきている。そのことに気がつかないで、大トラブルになる。

「何を」言っているかではなく、「誰が」言っているかが大切である。

お人好しで、人を見ない人は「何を言っているか」ということで動いてしまう。自分に都合のいいことを言っている人の言うことを信じてしまう。

そういう人でも後から考えると、「なんであんな人の言うことを信じたのだろう」と不思議になる。

人を騙す人の共通点、それは社会的立場の観念がない。

定年後に、よく大企業の元エリート・サラリーマンが社会的立場のない人に騙される。

なぜだろうか。

それは社会的立場のない人は、人を見抜くことでしか、この世俗の中を生き延びられないからである。

しかし大企業にいた人は、それまでバックがその人を守ってくれていた。その人はこの世俗の中を生き抜くのに、自分で自分を守る姿勢がない。

大企業を定年退職した人は、何かを買うときに「これは良い品物か、悪い品物か」

を見る。しかし実は品物を見る前に「誰が売っているか」ということが大切なのである。

退職金を騙し取られる人はみなそうである。退職金で土地を買い、騙される。そのときにも騙される人は「この土地はどういう土地か」ばかりに気を奪われる。一番大切なことは「誰が」そう言っているかということである。「誰が」売ろうとしているかということである。

大企業を定年退職する人は、自分は不動産屋さんから立派な人と思われていると思っている。

不動産屋さんが自分をどう見ているかということを見ていない。不動産屋さんから舐められているということが理解できない。

ある不動産屋さんが陰で言っていたことを聞いたことがある。「ああ、大学教授ですから、どうにだってなりますよ」。大学教授は大企業のエリート・サラリーマンではないが、自分が不動産屋さんから舐められていることを知らない。

一口に言うと世俗の世界にもまれていない。世俗の世界にもまれて生きていれば、世の中にはいろいろな人がいるということが身にしみて分かる。

それは世の中にはいろいろな価値観があり、いろいろな見方があるということが分かるということである。

それが良い悪いはべつにして、いろいろな人がいて、それはまたいろいろな評価がある。

ある世界で評価の高い人が、他の世界に行って必ずしも評価が高いわけではない。したがって世俗の世界でもまれて生きていれば、自分は人からどう評価されるかということにはわりあい客観的な見方ができる。独りよがりにはならない。

自分が社会的に立派な立場にいても、ある世界の人が必ずしも自分を高く評価するとは限らないということが理解できている。

トラブルが起きるのは別の世界に接したときである。定年退職など別の世界に接するときである。

騙されたときである。なぜ、相手から「この人は騙せる」と思われてしまったかということを反省しなければ、同じことが繰り返される。自分の「どこが舐められたか」ということである。

がんばってもうまくいかない根本原因

成功者の自殺もそうであろう。

例えばギリシャ・ローマ時代に大雄弁家として大成功したデモステネスは自殺した。彼は深刻な劣等感に苦しんでいた。しかし深刻な劣等感を持っている自分に気がついていない。周囲の人も大成功した人の劣等感に気がついていない。私はこのように努力しながら悲劇に終わる人々を「デモステネス症候群」と呼んでいる。

自分には見えない無意識の領域がある。それに自分自身も周囲の人も無関心。

例えば相手は臆病なのに、自分が臆病であることを認めていない。自分を豪傑に見せる。

つまり相手は、自分が臆病であるということにコンプレックスがある。

それをこちらが知っていれば、正常な人はその部分を話題にすることを避ける。相手を刺激してケンカをしないようにする。

しかし騙そうとする人は、「あなたはたくましい」と煽てる。そこからトラブルがスタートする。

あっちの人間関係も、こっちの人間関係もうまくいかない人は、相手が自分をどう見ているかをもう一度考え直すことである。

そしていつもイライラしたりわけもなく不安だったりする人は、自分には無意識の領域が大きいと認めることである。

第3章
対処法ひとつで変わるあなたの人間関係

1 まずは自分のタイプを知ることから

競争意識が強く、ストレスが高いタイプとは

生きている以上トラブルは起きる。何もないということはない。

そこで大切なのは「こと」が起きたときの対処の仕方である。対処する自信がないことが「こと」を大きくしてしまう。対処できるという自信がいかに健康に生きるために必要であるかは既にいろいろなところで述べているのでここでは省く。

もう一つ対処しないのではなく、間違った対処をしてしまう人がいる。間違った対処もことを大きくする。

私はその典型的な例としてタイプAの人がいると思っている。タイプAの人は頑張るのだが、努力の仕方が間違っている。

よく心臓病になりやすい人ということで、タイプAということが言われる。

まず、いつも焦っている。(注5)

第二に、過剰な競争心と達成欲。(注6) 競争に勝つことだけが価値になるという視野の狭

さである。価値観の歪みである。

本人としては頑張って、頑張って最後はうつ病になったり、自殺さえする。

アメリカの心理学者ロロ・メイの言葉を借りれば、まさに意志が自己破壊的に働く。社会的には立派な人で意志の人であるが、トラブル続きの人である。

第三に敵意と攻撃性。

これらの人が常にストレスにさらされていることは明白であろう。

のんびりした人が、何も感じない状況で彼らはものすごいストレスを感じている。

虚栄心が強くて見栄っ張りで、競争意識が強くてつねに周囲に攻撃的となれば、どのような環境になっても心の平穏な生活はできない。

平穏な生活ができない原因はその人の外側の環境ではなく、その人の心の中、つまり人柄であろう。

だいたい心の底に敵意があれば、人間関係がうまくいくはずがない。人の親切さえもが攻撃と受け取るような人達である。

彼らは周囲の世界といつも戦っている。彼らにとって周囲の世界は脅威に満ちている。そうしたストレスは免疫系を弱めて、人を病気がちにするだろう。

そして自分がストレスに苦しむばかりではなく、タイプAの人などは周囲の人をダメにする。

例えばタイプAの親は子どもをダメにする。競争意識が激しいから、周囲の人に負けたくなくて、子どもの適性を無視して超有名小学校だの有名中学校だのに入れたがる。あるいは「夫の尻を叩いて出世」させようとする。

こうして自分ばかりではなく周囲の人の人生もダメにしていく。周囲の人の人生をダメにした原因が自分にあるとは夢にも思わない。

血縁関係だけではない。地域社会でも同じである。

こういう人の隣に住むとたまらない。とにかく張り合う。こちらが張り合わなくても相手が張り合っている。

こちらが相手を無視しても相手がこちらを無視してくれない。

隣の家の「木の葉が一枚庭に落ちても爆弾が落ちた」ように騒ぐ。こちらが木を切らなければならないのはもちろんであるが、洗濯場一つ作れない。ところが自分の家は平気で法律違反で建てている。それでいて、隣の家が屋上に物置一つ買っても、物置が落ちてくるかと「不安で夜も眠れない」と騒ぐ。

このような相談は決して珍しいことではない。

「木の葉が一枚庭に落ちても爆弾が落ちた」ように騒ぐ人は、実はすでに心のコップに水が一杯なのである。したがってどんな一滴でも、コップから水が溢れてしまう。

同じ一滴がどのような状態のコップに落ちるかで、その一滴の影響は全く違う。

だから、ささいなことに過剰反応する人がいるのである。世の中には同じことに異常反応する人から、ほとんど反応しない人までいる。それは人の心の状態が全く違うからである。

焦らずに我慢しすぎず

タイプAの人といえば、すぐに心臓病にかかりやすいという。というよりも心臓病にかかりやすい人をタイプAの人と名づけたのだろう。

敵意と心臓病とは統計的に相関関係があるのだろう。したがって、そのことに反論するつもりはないが、なぜタイプAの人が心臓病になりやすいのか？

私は敵意を持った人はあちこちで人間関係のトラブルを起こすからだと思っている。

あちこちで人間関係のトラブルを起こせば、毎日がストレスである。

敵意のある人は普通の人に比べれば、ストレスに満ちた生活をしていると考えるのは不合理ではない。

あちこちでトラブルを起こしている人は、自分の心の中に敵意が隠されていることに気がつくことである。

今ここで書いてきたように、ただ敵意をむき出しにするのは対処ではない。こういう人は社会から孤立するであろう。

また逆に、ただ我慢するのも対処ではない。こういう人はうつ病などになるであろう。

私たちは自分の心の状態に気がつかないと、トラブルの対処を間違える。

オーストリアの精神科医ベラン・ウルフは攻撃ノイローゼということを言っている。タイプAの人のように、一点にエネルギーを集中する人である。

タイプAの人がイライラして、仕事以外のことでトラブルを起こすことは多い。その心理的打撃は大きい。木の葉が落ちてもミサイルが撃ち込まれたように感じる。それは一点にエネルギーを集中したことのツケである。

彼らは生活のバランスがとれていない。

こういう人がもし自分は欲求不満の塊であり、自分の心の中には敵意があると認めれば、周囲の人とうまくいきだす。

「自分を知ることと他人へのトレランスとが関連することを研究は示している。(注7)」

とにかく自分を理解することがトラブルの対処能力を高めることである。

2　トラブルは「解決」しようとしなくていい

トラブルは「自己改革」の証

トラブルは次々に起きる。今トラブルを解決しようとしていれば今は辛《つら》い。今辛いことがあるのは、あなたは現実から逃げていないから。今キチンと生きているからである。

イヤなことから逃げていれば「今この瞬間」に辛いことは出てこない。極端に言えば麻薬を飲めば、「今この瞬間」は辛くはない。

今あなたが辛いのは、今を立派に生きている証拠。

自分が熟していく過程だから辛い。

自分で考えた生き方をしているから辛いことが出てくる。

「自分はこうしよう」と思うからトラブルになる。自分の尊厳を守ろうとするからトラブルになる。意志を持つからトラブルになる。トラブルがあるということは、自分の意志があるということ。自分の考えがあるということ。

トラブルは自己改革の証《あかし》。

今は艱難《かんなん》辛苦。でもその後に本当に自分が求めているものが分かる。

艱難辛苦のときには、先を見ないで、今日が終わればいいと思ってしまう。八〇歳のときのことを考えない。

今の艱難辛苦は何十年後かには実を結ぶ。

先は多分こうなるだろうと思うから辛い。庭には草がぼうぼう。「これを取るのか」と思うとイヤになる。眼は庭全体を見ないで、目の前の草を取る。手を休めない。そうすればいつか庭全体が綺麗になっている。

今が楽な生き方は、意志がなくて流されている生き方。

だけど虚しい。迎合していればそのときにはトラブルはでない。迎合ではたくましい人になれない。横やりが入ると大変なことになる。横やりが入ると艱難辛苦になる。

迎合の人生は安定に向かわない。

迎合のときは庭に草が生えているとき。

艱難辛苦のときは、庭の草を取っているとき。

解決には〝タイミング〟がある

ただ何でもかんでも今頑張ればよいというものではない。

物事の解決にはタイミングというものがある。トラブルには解決の時期がある。それはトラブルを解決する知恵である。

人間関係のトラブルの中には「ごめんね」と一言いえば済んでしまうものがある。

しかし、それを言うタイミングが大切である。

このトラブルを今解決しなければならないと思うからストレスでおかしくなる。

ある意味でトラブルは解決しなくてもいい。トラブルをどうしても今処理しようとするからストレスになる。

人間関係のトラブルは感情がトラブっていることが多い。だから仲良くなれば自然と解決することもある。

仲良くなったときに「ごめんね」で解決するものを、今解決しようとするから逆にもっと大きなトラブルに発展したりする。

それを今解決しようとするから、「人間てやだなー、人間て使いづらいなー」となる。今、説得しようとするから相手も「イヤなやつ」になる。今はただ相手の話を聞いていればいいということもある。

時には相手にすべてを吐かせることが説得になってしまうこともある。

まさに人はトラブルでダイアモンドになる。

私は何かトラブルがあったときに「あー、このトラブルでまた知恵がつく」と無理して思うことにしている。例えば出版社とトラブルを起こす。当然いつもの担当者以外の人と会う。そしたら無理して「このトラブルのおかげで、あの社の専務のことをよく知ることができた」と思うことにしている。

昔、主任教授という役職をしているときがあった。いろいろな雑事をする役目である。しかしその雑事の処理を間違えてしまうことがある。トラブルが発生する。

そうすると、そのおかげでいつも話をしない専門の違う教授と話をしなければならなくなる。

そこで「あー、あの先生と会う機会ができた」と無理して思うことにしていた。

「ものは考えよう」である。トラブルだ、トラブルだと苦しむ必要はない。

今の私のトラブルは一歩先に進むためのトラブル。

この道しかないと思えば悩みはない。

3 「心の弱さ」を克服する

甘えを断った瞬間、運命が変わりだす

ある女性である。夫はまさに「外で子羊、家で狼」。そこで離婚を決意した。

ところが離婚を決意した途端、夫は激変した。

洗濯から料理まで、「そこまでしなくていいよ」と言うほど家の仕事をしだした。

離婚を決意するまでは妻に甘えていたのである。ところが妻が静かに決意した。その決意は本気だった。


同じような話である。

ある女性が小さい頃からいじめられていた。夫からもいじめられていた。そこで離婚を決意した。

「これからは一人で自分の足で歩いていくのだ」と思った。この子達を「私が守るのだ」と決意した。

ところが、それから自分をいじめていた周りの人達がどこかに消えていなくなった。離婚の届けを出しに行くときに、彼女は「光に向かって走っているようで、先が輝いていた」と言う。

人をいじめる人は、戦わない人をいじめる。戦う人はいじめない。彼女の決意が周囲のいじめる人を寄せつけなくしたのである。

つまりトラブルの中には原因が外側にあるのではなく、実は自分の心の中にあるということがある。しかしこの心の中は見えない。自分の心の中にトラブルの原因があることはなかなか気がつかない。

それが自分の心の弱さだとは気がつかないし、気がついていても認めたくない。

心の弱さの要素は依存心と情緒的孤立である。

抑制型の人で、幼児的願望を持っている人は、チヤホヤしてもらいたいから、どうしても弱い人になってしまう。

非抑制型の人は、幼児的願望を持っていても、わがままな人になるだけである。

もちろんこの心の弱さが何によってもたらされているかということは別のことであ

る。そうした弱い人になってしまったことがすべてその人に責任があるわけではない。

小さい頃に養育者との関係が安定していなかった。「お母さん、こっちを向いて、私だけのお母さんになって」と心の底で叫んだときに、お母さんはその人のほうを向いてくれなかった。友達にいじめられて、家に戻ってお母さんに訴えようとしたけど、お母さんは知らん顔をした。

雷が鳴って怖くて「お父さん！」と叫んだけれども、お父さんはいなかった。

弱い人間になってしまったのは、難しく言えば愛着人物の有効性がなかったことかもしれない。

したがって自分を正しく理解するしか方法がない。

淋しいからノーと言えないことに気づく

ある八〇歳の一人暮らしの女性である。人がお金を貸してくれと言うと貸してしまう。もちろん貸したお金は返ってこない。

貸したくないのに貸してしまうから、貸した後でその人への悪口はすごい。口汚くののしる。その人への恨みはすごい。

それだけひどく言うなら貸さなければよいと思うが、貸してしまう。

自分の生活費に困らないならよいが、時には無理をする。弱いから「貸してくれ」に押し切られる。

淋しい人は好かれたいがためにお人好しを演じて、他人のトラブルを背負い込む。

先に「農夫とヘビ」のイソップ物語について述べた。

農夫は「温めてやったのにかまれた」と恨みを言うが、相手がヘビだと分かっていない。

こうした高齢者には執着がある。

執着性格者にはエネルギーがない。

歳をとると何かに執着する。好かれることに執着する。

その高齢の女性はトラブルに常に巻き込まれる。

その原因は淋しさである。

自分が不本意ながらもお金を貸してしまうのは、淋しいからだと意識していればよい。「よい」と言うのはトラブルに巻き込まれる機会は少なくなるということである。

しかし自分を動かしているのは、無意識にある孤立感だということが理解できていないとトラブルは死ぬまで続く。

何度失敗しても同じ失敗を繰り返す。

トラブルの原因は多くの場合、その人の無意識にある感情である。

繰り返し騙されたり、繰り返し失敗したりするのは、それをすることで無意識にある欲求を満たそうとしているからである。

不安な人は愛されていない人である。その高齢の女性は怯えている。自分の価値が否定されることを怖れている。怖いものがあると焦りが出る。

自己を断念したことにトラブルの原点がある。すべてのトラブルの根源は弱さ。

今のトラブルに目を奪われるな。

4 怒らずに、相手を「かわいそうな人だな」と思う

一時の感情、一生の無駄

普通の人が普通に堅実に生きていて、それでも深刻な人間関係のトラブルに出会ったときには、それは善良に生きている証拠である。

ただ善良な人もそのトラブルを乗り越えて、もう一つ幅のある人間に成長しなければならない。

アンラッキーなときには、ラッキーなときを思い出して自分を慰めるしかない。降って湧いてきたアンラッキーな事柄を逃げながら解決しようとすると、さらに時間と労力と経費をロスすることになることも多い。

嘆いていないで正面から解決に乗り出さなければならない。

時にはへたをすると、そのアンラッキーなトラブルに痛めつけられるためだけの人生になってしまう。何のために生まれてきたか分からなくなる。

実際に、人間関係のトラブルでは恨みを晴らすことに生涯を費やしてしまう人も多

い。聞いてみれば恨むだけの理由はある。

しかしせっかく生まれてきて、恨みを晴らすだけの人生を送るのはいかにももったいない。

残りの人生の時間が目に見えていれば、人はもっと時間を大切につかう。

歳をとるにしたがって、コップの中のジュースのように、減ってくるのがはっきりと目に見えていれば、人はもっと真剣に自分の人生を考える。

しかし残りの人生の時間はコップのジュースのように減っていくのが目に見えない。

残念ながら自分の命は時がたっても、コップの中のジュースのように減っていくことが分からない。

だから人はその時々の感情に負けてしまって、人生最後になって後悔をする。

その攻撃は「不安」の裏返し

普通の人は失敗すると慎重になる。

しかしどんなに慎重にしていても、トラブルが起きるときにはトラブルは起きる。

自分の家がどんなに火の用心をしていても、隣が火事になれば延焼ということがある。

自分が騙されなくても、火の粉は降りかかってくる。

しかし、「死ぬまで徹底的に苦労しよう」と覚悟を決めれば、トラブルを解決する道は見えてくる。

今までに書いた事件とは別の土地の事件である。

隣人が不動産屋に騙された。こちらの敷地の一部までが購入の対象になる土地だと騙されてお金を払ってしまった。しかし隣人はそれを認めないで、隣の敷地まで自分のものだと言い張るという事件が起きた。

人は自分に都合のいいことを言う人を信じたくなる。そこでその隣人は不動産屋を信じて、隣の家を攻撃する。

その攻撃された人が、私のところに相談にきた。

隣人が理由もなく「これは私の土地だ」と騒いでいるという。あまり激しく攻撃されるので、その敵意に怯え始めた。

「どうしたらいいでしょう?」という相談である。相談にきた被害者も怒っている。それは当然である。

よく話を聞いてみると、その敵意に満ちた隣人は激しい言葉を使っているが、言葉を分析するとその隣人は心の底では不安なのである。

　したがって、こちらが怯えることはない。相手は不安から居丈高になって攻撃しているだけである。

「相手は不幸」と考えれば腹は立たない

　人は不安なときに攻撃的になったり、迎合したり、引きこもったりするとカレン・ホルナイは言う。

　したがってこちらが「生きることは苦労をすること」と覚悟を決めれば冷静になり、解決の道は見えてくる。

　何かとんでもないトラブルに巻き込まれたときには、「自分を悩ます相手は不幸」、そう思ったらいい。そう思えば怒りで道を誤ることもない。

　この相談にきた人の隣人は、「能のない欲求不満なタカ」なのである。

　人間関係のトラブルではよく相手の傲慢さに腹が立つ。そして悔しくて、悔しくて眠れない夜を過ごすことになる。悔しいという感情でエネルギーを消耗する。そして体調を壊す。

　しかし怒りの解消のためには相手をよく見ることである。

「傲慢というものは、その由来を辿っていくと、たいていは見下げはてた、バカらしい、恥ずべきものとしての、自我のイメージにぶつかるものである。（注8）」

相手の傲慢に怒りを感じたら、相手はかわいそうな人間だということを見抜く。かわいそうな人間に腹を立ててエネルギーを消耗することはない。

冷静に相手を観察すればそれは分かる。

強がりの言葉は不安を表している。

人は強がりの言葉を言うことで心理的に楽になる。そういう人は相手が自分をどう見るかをうかがっている。相手への自分の印象を気にする。

相手を観察すれば、相手は腹を立てるほどの人物ではないと分かる。

こちらも不安だと、ついつい相手の強がりの言葉を真に受けてしまう。

ロロ・メイは実際の事件をあげた後に「ここにあげたケースによって立証されるように、不安と敵意は、同時に生じ、同時に消滅していった（注9）」と述べている。

会社などでもサラリーマンが同僚の足を引っ張る。こうして同僚を攻撃する人は、自分の立場が脅かされているような気がして不安なのである。

不安でなくなれば同僚の足を引っ張らない。

大学でも同じである。同僚の教授を激しく攻撃する人をよく観察すると、自分の教育研究上の価値が脅かされて不安な人である。

自分の教育研究の業績に自信のある人は、そんなに同僚を攻撃しない。また教育研究の業績がどうであれ、心理的に安定している人は、誰も不必要に攻撃しない。

自分の心が満たされているときには他人のことが気にならない。

相手がこちらを攻撃してきたときには、とにかく冷静になること。そして「この人は不安なのだ」あるいは「この人は欲求不満なのだ」ということをしっかりと見抜くことである。

もちろんすべてのケースでこれが当てはまるわけではない。しかし相手が敵意を持ってこちらを非難してきたときに、必ずしも怯えることはない。「どうしようか」と不安になることもない。

その人は降って湧いた隣人のために家の修理もできなくなった。現実の世の中には合法的な工事さえできないで困っている人がいる。

同僚も兄弟も隣人も他人も、いいも悪いもいろいろな人が集まってくるのが人間社会。同僚や兄弟や隣人だから集まってくるのではない。

とにかく許せないような誰かが寄ってくるのが人間社会なのである。まともに生きていればとんでもない人が寄ってくる。

5　誰かの力に頼らない

言いたいことが言えなくて失敗する馬タイプ

イソップ物語に次のような話がある。

ある日同じ場所で、猪と馬が草を食べている。ところが、猪が突然出てきて草をメチャクチャにしてしまったり、大事な水を汚してしまったりして、自分の家に帰って行ってしまう。

それを見て馬が「イヤだな、この猪は」と思う。「いつか仕返しをしよう」と思っている。そこにたまたま狩人《かりゅうど》が現れると、馬は狩人を味方にして猪のところに連れて行こうとする。

馬は自分で仕返しをしようと思わないで、この狩人に仕返しを頼む。するとと狩人は馬に「その猪をやっつけてもいいけれども、自分がそこまで行くのは大変なので、君が乗せていってくれないか」と言う。馬は狩人を乗せて猪のところに行く。

しっかりと狩人は猪をやっつけてくれる。

そこで狩人は馬にまたがって家に帰る。そして結局馬は馬小屋につなぎ止められてしまう。

このようなことは私達の日常生活でよくあることである。多くの人が身勝手な人に迷惑を被っている。そしてその被害を何とかしようと思ってしたことで、さらにひどい目にあうことになる。

その身勝手な人に関わってしまった自分の生き方を考える前に、そのトラブルを回復しようとする。

この物語で大事なことは、二つある。

一つはこの馬のトラブルの処理の仕方である。

二つ目は馬と猪と狩人の性格である。

猪のタイプの人は、あちらの草がおいしそうなら、そっちに行ってしまう。そこら中を食い散らす。そして自己顕示欲が強い。傲慢で周りを食い物にして生きている人々である。

攻撃的で利己主義者。

相手との関わりや相手の感情等に対しては非常に鈍感で冷たい。そしてよくも悪くも我が道を行く。

とにかく自分の好きなようにやる利己主義である。周りの迷惑を全く考えない人である。搾取タイプで、隣人から何でも取る。

そして馬のタイプは社交上手に見えがちだが、物事は自分の思うように運ぶと思っている自己中心的なところがある。物事はうまくいって当たり前と思っているところがある。つまり性格的に幼稚なところがある。

「うまくいくだろう」と推測するときには、エネルギーがないときである。仕事に対する愛がないときである。「うまくいくだろう」は、うまくいかない。

世の中は皆が自分勝手に動くから、「うまくいくだろう」はうまくはいかない。皆が自分に都合のいいことだけを聞いて、考えている。

そして何よりも面と向かって猪に「草を食い散らすのはやめてくれ」と言えない弱さがある。

そして他人のことをあまり考えていないし、同時に他人が見えていない。

本当はこの馬は、自分は猪に自分の意志を言えないのだから、別の草を探すことを考えることが大切なのである。

言うべきことを言えないから自分はここに来たという自分の位置を知ることが、心の安定には大切である。自分がこうなっているのは、言うべきことを言えない性格的な弱さが原因であると認めることである。

つまりトラブルの原因は自分の弱さである。そのことを理解できれば、これから先のトラブルは避けられる。

それが分かっていれば、「なんで自分はこの草を食べなければならないんだ」と周囲を恨まない。自分の弱さを意識していないで、しかも人に何も言えない人は人を恨む。

馬は猪と一緒に草を食べていたらストレスから胃潰瘍で死ぬ。そこから立ち去ることが賢明なのである。

言えない以上、自分にとってこれが一番よかったと思うことである。自分はこの猪と言い争うのはイヤだと、納得して去らなければならない。

こんな人と関わり合いになりながら自分の人生を送りたくないと決心することである。「このまま張り合って、ストレスで胃潰瘍になるか、猪から離れるか」という選択である。

この馬とこの猪では勝負にならない。馬は頑張るだけ愚かである。

では、なぜ言えないのか？　それは自分にとって害になる猪にさえ、いい人と思われたい弱さからである。また、とにかく争いが嫌いなのである。

誰にでもいい人と思われようとすると墓穴を掘る。

馬タイプは嫌いを嫌いと言えない。感情が表にでない。ストレスが溜まる。

他人からは、誰にでもいい顔をする八方美人なので、いい人に見えることもある。

先に、それを見て馬が「イヤだな、この猪は」と思うと書いた。

この馬はまだよい。小さい頃から服従を強いられて成長すると、「イヤだな、この猪は」とさえ感じられなくなっている。

こうなると猪とのトラブルは避けられているようであるが、馬は自分とのトラブルは避けられない。

つまり自律神経失調症だとか不眠症だとかうつ病だとか円形脱毛症だとか、いろいろと言われる心の病になる。

近隣トラブルの場合も猪タイプと馬タイプがいる。

仲介役の顔をして引っかき回す狩人タイプ

そして狩人のタイプは、瞬時にして馬と猪の関係を見破ってしまう。本人が意識していないところまで見抜いてしまう。

時にはトラブルが表面化していないうちから、人間関係の潜在的トラブルを見抜く。そして周囲の人を引っかき回して自分の利益をしっかりと得ていく。

人が争いを起こしているところには、たいていその争いを面白がって関わってくる人がいる。

そしてこの中で一番自分が旨みのあるものを取る。非常に冷たくてずうずうしくて利己主義的な人である。表面的には立派な人に見えることが多い。

そして誰とも心がふれ合わないのがこの狩人のタイプである。人を裏切っても、その人の意識では裏切っていない。そのくらい冷たい利己主義者である。

合理的ですべて計算で動く。親友はいないが、周囲とはあまりトラブルを起こさない。しかしいったん起こすと大トラブルである。

そして狩人タイプはずるいから、自分自身が損するのを恐れる。そこで、この狩人タイプは関係がいいときはいいが、いったん敵に回るとうるさい。とにかく敵に回すと怖い人である。

なぜうるさいかというと、目に見える敵ではないからである。仲介役のような顔をしながら、あるいは味方のような顔をしながら周りじゅうを引っかき回して、しっかりと利益を得ていく。

こういうタイプを敵に回してしまうと、自分は気づかないうちにひどい目にあう。悪代官が、ある人を子分にしてあげ、それを恩で縛って、ある人をいじめさせて、自分はいい人になっているという構図である。

これはこの本の先の箇所で「煽る人」として説明をしているタイプの人である。

自分の手で「断つ」のがベストな選択

このとき馬は直接猪に言えばどうなったか分からないが、それがベストの解決である。しかしこのベストの解決ができないときには次善の解決をするしかない。

大事なことは物事を解決するのに人の手を借りたところに、つまり人に頼ったところに、この馬タイプの人の人生が破滅する原因がある。

しかも狩人タイプの人の手を借りたところに問題がある。

困ったときに手を借りる人というのはよほど選ばなければならない。親友とか心優しい人である。突然現れた人には助けを求めてはならない。

私達は日常生活で自分が馬でなくても、馬の立場におかれることもある。そのときに大事なことは、自分自身で「不愉快だな、イヤだな」と思ったならば、面と向かって言うことである。

そして、「これは言えないな」と思ったら、その場から自分が去ることが賢明な生き方である。こんな人と争うことで自分の人生の大切な時間を浪費したくないと思えば、できる限り接触を断つことである。

現実の世の中ではそう簡単に別れられない。そこで時間をかけて準備をする。また心の中でその人と断ち切る努力をする。

不満が出たときに誰かの力を借りて、誰かの力に頼って、自分の腹いせをすると一番悲惨な結果になる。

そのときに首を突っ込んでくる狩人タイプは自分に満足していない人である。人が不幸になるのが面白くてたまらない人である。

自分は馬タイプと思ったら、決して猪タイプとかかわってはいけない。狩人タイプに頼ってはいけない。

トラブルの処理として最悪の処理になる。

この馬タイプが「人を喜ばす症候群」である。

トラブルを避けるということは原理としては極めて簡単である。しかしなかなか避けられないのは、そこにその人の心の問題があるからである。トラブルの原因となるものの根は深い。

時間の観念のない人もそうである。人の迷惑を考えないから、いつまでも人の家にいる。家の人は馬タイプで「もう遅いから帰って欲しい」と言えない。

用件や目的がなくても、なんとなく人と一緒にいてウダウダしていることが多い人がいる。かといって一緒にいる人を本当に好きというのでもない。猪タイプである。

ところで、どのケースの場合にもトラブルを解決するときに大切なのは、自分は馬だと認識することである。

自分は馬だと認識することは、ロロ・メイの言葉を借りれば意識領域の拡大であり不安の積極的解決である。

もちろん馬だという意識に限らず自分を正しく理解することは意識領域の拡大である。

そしてそれは「視野が広がった」ということでもある。しかし残念ながら、人は狭い視野に固執するということである。

問題は、自分が狭い視野に固執していることに気がついていないことである。

第4章

人生の困難を成長の糧にする「新しい自分」のつくり方

1 「コンストラクト」を増やして、視野を広げる

物事を多面的に見られるかどうかは「コンストラクト」の数に比例する

「独善」に反対した心理学者にケリーという人がいる。ケリーは独善に関心をもった心理学者である。(注10)

そのケリーの人間解釈のコンセプトは、「コンストラクト」というものである。それは世界をどう解釈するかという方法である。(注11)

ケリーという心理学者が、人はそれぞれ人生や世界の解釈の仕方が違うということを述べている。そしてその解釈の仕方をコンストラクトと言っている。

コンストラクトなしには人生は混沌であるとケリーは言う。

「親切か残虐か」というコンストラクトの軸がある。優しいか冷たいか。活発か恥ずかしがり屋か。自信があるか劣等感が深刻か。人づきあいの嫌いな人も好きな人もいる。感情的な人も合理的な人もいる。

コンストラクトはこのように二つの比較によって構成される。

魅力的な人か、つまらない人か。誠実な人か、不誠実な人か。善か悪か、無実か有罪か。

「無実の人を殺している」というときには、コンストラクトは「無実か罪か」である。どういう人が殺されているか、誠実に生きていた人が殺されているのか、人を搾取して生きていた人が殺されているのかは視野の中に入ってこない。

また無実ということと善とは直接関係ない。世俗の中ではずるい人は犯罪を犯さないことが多い。自分の手を汚さないで、人にやらせる。人から利用された人が犯罪を犯し、利用した人が罪を逃れているということはいくらでもある。

深刻な劣等感のあるお人好しで善良な人が煽られて、犯罪を犯してしまうことがある。あるいは感情的恐喝に屈して、どんどん追い込まれて最後に犯罪を犯してしまうことがある。

無実かどうかということと、人間の質とは直接関係はない。

私は重要なコンストラクトだと思っているのは、フランクルの「成功と失敗」の軸と、「充足と絶望」の軸である。

成功していても絶望している人がいる。失敗していても充足している人がいる。

またもう一つは「あなたは何をしたか」と「あなたは誰であるか」の軸である。

そして言うまでもなく、うつ病になるような人は小さい頃から「あなたは何をしたか」で評価されてきた。

ケリーによれば、人のパーソナリティーはその人のコンストラクトのシステムである。(注12)

人は自分のコンストラクトを使って世界を解釈する。それは別の言葉で言えば、その人の価値観である。

もし相手を理解しようとしたら、その人の使っているコンストラクトを理解しなければならない。(注13)

子どもは成長するに従ってコンストラクトの数を増やしていく証拠がある。(注14)それは調査をしなくてもケリーの理論を借りなくても日常の常識としてもそうであろう。

もっと略して言えば、人は成長するに従って一般的に視野が広がる。他人をいろいろな視点から見ることができるようになり、その結果他人との関係がうまくいくようになる。

この数が多い人ほど、人とうまくいく

視野を広げることは人間関係を円滑にするのには望ましいが、自分の価値が脅かさ

れるのが怖いと広げられない。

視野が狭くなるには狭くなるだけの理由がある。

偏見のある人はコンストラクトが少ない。そしてコンストラクトを増やすのが難しい。

それは偏見がかった人の根底には不安定感があるからである。(注15)

コンストラクトの少ない人は必死で自分の価値を守っている。つまり大人になってもコンストラクトの少ない人は自分に自信がない。

ある女性である。コンストラクトは「頭がいいか悪いか」だけの人である。息子を皆東大に入れようとしている。

それは自分にはお金がないのに小姑が皆金持ちだからである。お金がないことで小姑から屈辱を味わっている。そこで「息子の頭のよさ」で小姑達を見返したい。

コンストラクトの少ない人には、自分の価値を脅かす人がいる。この場合には小姑である。彼女は小姑に対して自分の領域を守ろうとしている。

小姑の価値剥奪に対して防衛的になる。そこでコンストラクトは少なくなる。

彼女は小姑達の家について「お金があっても家族がバラバラだから、子ども達は有名大学ではない」と言ってほっとする。

自分を守ることをやめて生きていると、コンストラクトは黙っていても多くなる。

コンストラクトが増えると自然に自分に自信ができてくる。

自信とコンストラクトの数は好循環していく。

運動会でビリになった。でも「ビリの人はお料理」がうまい。

自分は痩せている、でも不幸。

そんなときに太っている女性を軽蔑したくなる。そこで「太った女性、痩せた女性」という守りのコンストラクトにしがみつく。

自分は社会的に成功している、でも不満。

そんなときに社会的に失敗している人を軽蔑したくなる。そこで「成功と失敗」という守りのコンストラクトにしがみつく。

人とうまくコミュニケーションできるようになるためには、解釈の仕方を多くすることである。

コンストラクトを増やす心の条件

ただコンストラクトを増やすと言っても、それほど容易なことではない。

ある意味では、その人のパーソナリティーの変更を伴う。

「寛容な人の心的柔軟性がより大きいことは二価値判断の拒否に見られる。『二種類の人があるだけです、弱者と強者との』とか、『なにごとをするにも正しい道は一つしかない』ということにはめったに賛成しない。環境は完全に適切か完全に不適切かと割り切ることがない。……彼らは『あいまいさに耐える』ことができるし明確さや構造化を強要しない。(注16)」

自分の中の満たされないものがあると、どうしても自分の価値を守ろうとするようになる。そして自分の価値を守るための限られたコンストラクトにしがみつく。

自分の心の中が貧困だと、コンストラクトの少ない人になってしまう。

コンストラクトの多い人には、傷ついた小鳥に涙する優しさがある。

楽しいことがあるとエネルギーが湧いてくる。コンストラクトは増える。

コンストラクトの少ない人はエネルギーがないけれど、その場その場は楽になる。

しかしその不満を解決する能力がない。

守りをやめて、前向きに生きる。そうすればコンストラクトは自然と増える。

人生は乗り越えるためにある。

自分に満足していると、コンストラクトが増える。満足すれば自然とコンストラクトは増える。満足とコンストラクトの数も好循環する。

マラソンが続けられないと言って自殺したランナーがいた。コンストラクトの少ない人なのだろう。マラソンだけが人生ではない。

一九八四年、ロサンゼルスオリンピックで初めて女子マラソンが加わった。その女子マラソンで優勝した選手がいる。そのときに日本の選手は緊張して前日寝られず完走できなかった。

優勝した選手は「マラソンは自分の人生の一部」と言っていた。コンストラクトが多い。自立心が強い。

依存心の強い人は視野が狭い。

判断の基準が多ければウツにならない

コンストラクトを増やすために、自分の親族や知人などについていろいろと説明をしてみる。あるいは学校時代の友人はどんな人か説明をしてみる。

知人は意志のはっきりしている人か、自己不在な人か。生き方がポジティブな人か、ネガティブな人か。

聞き上手か、話し上手か。人を引きつける力があるか、存在感のない人か。明朗活発な人か、暗くて消極的な人か。

そうして周囲の人を説明してみることで、自分のコンストラクトの多さが分かる。

さらに重要なことはコンストラクトの数が多い、つまり判断の基準のたくさんある人は抑うつ的にならない。

逆に判断の基準の少ない人は抑うつ的になりがちである。

判断基準が少ないということは、もともとエネルギーがないということである。生命力がない。

そういう人は心理的に病人になっている。水が欲しいが一番。花が綺麗かどうかは関心ない。

劣等感の強い人は失敗すると深刻に落ち込むし、成功すると高慢になる。でもおどおどしている。

「金と女は道具」と言う人がいるが、それはコンストラクトが少ない人。

戦後にお金を持った「光クラブ」社長の山崎は自殺した。

「心が狭いと困難に屈服してしまいます」(注17)

彼は金が自由にならなければすべてがダメになってしまう人である。それは生きることが嫌いな人。お金がなくなれば酸素がなくなったのと同じことになってしまう。

今の日本のように拝金主義の時代はコンストラクトの少ない時代である。だからお金、お金と騒ぎながらも、なんとなく多くの人は暗い顔をしている。

不幸な人が幸福になるために大切なことの一つは、コンストラクトの数を増やすことである。人生のさまざまな出来事の解釈の仕方で自分から不幸になっている人は多い。

自分の人生は失敗の連続であったと劣等感を持ち不幸な人は、失敗の連続によって不幸なのではない。コンストラクトの数が少ないから不幸なのである。

自分の過去が輝かしい成功に満ちていないからと自信を失っている人は、コンストラクトの数が少ない人である。

ハーヴァード大学のエレン・ランガー教授の離婚についての研究である。(注18)

失敗の原因を相手のせいにし相手を責める人は、状況をいろいろに説明できる人より長く苦しむ。つまり、異なった視点を持てる人の方が離婚後の苦しみは長く続かない。

すべて相手が悪いと考えている人は、離婚をしても意識領域の拡大がない。

そこで離婚というトラブルをいつまでも引きずる。いつまでも苦しむ。

意識領域が拡大して自分について理解を深めた人は苦しみから解放される。離婚というトラブルを、視野を広げることで乗り越えることができる。

「私は悪くない」は意識領域の拡大しない人の発想である。

おなじ離婚という体験をしても、ある人は長く苦しみ、別の人は長くは苦しまない。離婚そのものが人を不幸にするのではなく、離婚をどう解釈するかというコンストラクトや、その人がどのようなパーソナリティーかということが、人を不幸にするのであろう。

競争社会ではもめごとが多発する理由

長い一生を考えれば、何がいいか悪いかは分からない。受験で勝っても、就職して大企業症候群と言われるうつ病になる人もいる。

「競争社会はコンストラクトを少なく」する。そこでトラブルは多くなる。心の中で人と競争している人は、コンストラクトの少ない人である。

コンストラクトが少ないと世界を小さくしてしまう。

コンストラクトを増やすための一つの方法は、自分の今いる世界以外の人とつきあうことである。

有能な革命家と言うが、視点を変えればコンストラクトは少ない。

かつての小泉首相も竹中大臣も、見方を変えればお互いコンストラクトが少ない。経済が栄えて心が滅びた。

お互いに視野が狭いから気が合う。おそらく二人とも母なるものを持った母親を知らないというのが私の推測である。

暗い話で、話が合うときには最悪の関係である。しかし本人達は、お互いにふれていると錯覚している。視野が狭くなるには狭くなるだけの理由がある。

人はコミュニケーションできないと、いばる以外にない。ワンマンはコミュニケーションできていない。

コミュニケーションできるということは、自分を傷つけるような話を楽に受け入れられるということである。

お互いに話してはいけないことがない。その人間関係が最高のコミュニケーションができている人間関係である。

貶《けな》されても笑える。それが最高のコミュニケーション。

性質が正反対でも長くつきあえている、それは最高のコミュニケーションができているということである。

よく言われる離婚原因の「性格の不一致」はあり得ない。「性格の不一致」ではなく、お互いに情緒的未成熟とかコミュニケーション能力がないということである。「性格の不一致」で離婚するなら日本中の夫婦が離婚してもおかしくない。

恋愛関係が壊れる原因は「性格の不一致」のウソ

コンストラクトの少ない人というのは判断力がないということである。

コンストラクトの少ない人は、自分も相手もよく理解していない。人間は多面的な存在なのだから。

例えばある優しい人が、求められるままにずるい人に親切をした。するとずるい人は、自分に親切をしてくれた人をカモと見た。

そして経済的援助を始め、様々な要求を始めた。最後は要するにいじめにかかった。

そこで親切をした人はノイローゼになった。このときに親切な人の恋人は、自分が甘えられない状態になったのでイライラした。

本来は助けなければならないのに、恋人のほうも情緒的に未成熟な人であった。

そして恋人に「もっと強くならなければ」と怒った。

この恋人のコンストラクトが少ないことがこの恋愛のトラブルの原因である。

つまりこの人には「強い人、弱い人」というコンストラクトしかない。心優しい人だからこそ、この人は窮地に陥ったのである。もちろん相手を見抜く能力がないということはある。

温かい思いやりから親切をして生涯を棒に振る人はたくさんいる。搾取タイプの人は皆親切な人を狙う。誠実で、親切な人は、要求されるままに、思いやりからつい、いろいろなことをしてしまう。

騙す人は、いろいろな方法で騙すが、一つは相手の思いやりとか、親切とかいう、人間の良い質の部分を狙う。

ずるい人は、自分の申し出を断れば相手が罪の意識を持つようにして近づいてくる。例えば惨めな辛い過去を話す。もちろん同情を買うためである。

ある本に、(注19)「泣かせる話」は女結婚詐欺師のレパートリーだと書かれている。つまり「母が寝たきりで」とか「父親が働かずにブラブラしていて」とかいった話である。

人を騙すような人は、決して人から騙されない。相手の手の内が読めるからである。

つまりこのイライラしている恋人の場合には、コンストラクトが「強い人、弱い人」しかないのだから、当然お互いの関係にひびが入る。相手の恋人は弱くてダメな人間になってしまう。

「相手を見損なったけれども、心優しい人」というような解釈にはならない。

このときにイライラした恋人のコンストラクトが、もう一つ「優しい人、冷たい人」というのが加わっていれば、状況は違った展開になる。

もしコンストラクトが増えていれば、このような場合でも、かえって自分の恋人に誇りを持つことだってあるだろう。恋人に甘える気持ちがあったとしても、コンストラクトが少ないよりはノイローゼ気味の恋人にイライラしない。

コンストラクトが多いということは、頭でもってキリスト教の価値観、イスラム教の価値観と、価値観を知っているというのではない。あるいは言葉をたくさん知っているというのではない。

自分が現実の問題を処理していくときに、今述べたように解釈をするということである。

ある詐欺師は、ある奥さんを子どもが好きで心優しい人と見抜いた。そこで惨めな子どもの話をしてお金を騙し取った。

するとそのご主人は損をしたということで、奥さんに対して怒り心頭に発した。

これでは、このご主人がもし心理学者ケリーの勉強をしていても、コンストラクトがたくさんある人とはいえない。

人のパーソナリティーはあくまでもその人が日常使っているコンストラクトのシステムである。

ある夫婦が離婚をした。ご主人は奥さんのわがままがすぎるという。奥さんは「あの人はイヤだ、あの人とはつきあえないと言う」と言う。

ご主人が、奥さんを解釈するときのコンストラクトは「わがままと忍耐」という軸だけである。離婚するまでこの軸しかない。

しかし感情が豊かな人ほど、例えばずるい人には耐えられない。感性が豊かだからこそ汚いものに耐えられないのである。

感情が貧しければ冷たい人と接しても平気である。感性が豊かだからこそ、冷たい人を「イヤだー」と思う。

自分に正直だからこそ、そのことに耐えられないということもある。誠実に生きてきたからこそ耐えられないということもある。

もしこのご主人が、人を解釈するときに「わがままと忍耐」というコンストラクトの他に、もう一つ感情が豊かか、感情が貧しいかというコンストラクト、あるいは自分に正直か、自分を裏切るかというコンストラクトがあったら、離婚はしなかったろう。

自分の妻は現実適応は難しいが、それは彼女の感情が豊かで、感性が研ぎ澄まされているからだと思うだろう。

現実に適応している人が、感情が貧しく、自分の本性を裏切って生きているということだってある。

優しい人ほど騙されるのにはワケがある

何か騙される人は性格的に「弱さ」があるようであるが、それ以外にむしろ長所があるから騙されるということもある。

例えば思いやりのある優しい人などは、むしろ騙されやすい。

例えば狭い土地の所ではよくあるトラブルがある。それは家を新築するのに、道が狭いから隣の家の協力が必要である。隣の家の一部を壊せばその土地に新しく家が建つ。

そういう場合に、不動産屋が「騙し」に入ると、知人の不動産屋から聞いた。

やり手の不動産屋は、売れない土地を売るために、その土地に面した隣の家の壁を壊して家を建てる。そして、隣の家の人には、まだ家を建てないうちから、その土地を買った人の引っ越しの話をする。

「こちらに引っ越してくる人は、お子さんが三人いて、小学校に入学する前半」などと子どものことをもちだす。

すると子どもの好きな優しい隣人は「その家族のためになるならば」と思って、不動産屋の言うことを信じて、不動産屋の言うとおりになる。

しかしそれは、その人を犠牲にして、隣に家を新築して引っ越しを可能にするための「騙し」である。

しかしそれは騙す人が、「この人は優しい人だから」と見抜いて騙したのである。

騙す人にとって相手の「弱さ」となるものは、人間としての「弱み」ではなく、むしろ人間としての質の高さであることもある。

隣に引っ越してくる人が、「子どもが三人いて」と聞くとする。

すると「今は子育てが大変だろうな」と思う。そうすると善良な人は、助けてあげようと思う。

隣に引っ越してくる奥さんは子育てで苦労していると想像させる。

ずるい人は、相手のソフトサイドに訴える。

優しい人が騙される。

結局、善良な人は家を一部壊されて、隣に引っ越してきた隣人に罵声を浴びせられてノイローゼになって入院してしまったと聞いた。

なぜ罵声を浴びせたか。それは隣の家が元に戻らなければ、自分達の車が通行できるからである。

「あのときに、『隣人のために』という善意の行為をしなければ、こんなひどい目にあわないのに」と後悔しても後の祭りである。

質の悪い人ならこんなトラブルは起きない。何の契約もしないで、自分の家の一部とはいえ、絶対に壊させたりはしない。

口約束で自分の家を壊すことを了解するのは、その人が善良な人だからである。

質の悪い人は、質の悪い人がすることが分かる。だからひどい目にあわない。

善良な人には、その不動産屋と隣人のような行為をすることが想像できなかった。

ずるい人から自分を守れる人はずるい人だけである。ずるい人だけがずるい人のすることが分かる。

一度も騙されたことのない人は、ずるい人であると私は思っている。騙されたことがないということは、「しっかりした人」というイメージがあるが、もう一面、質の悪い人であり、ずるい人である。

騙されたことは、性格的「弱点」である場合もあるし、それを誇りに思ってもよい場合もある。

純粋で人を信じるから、ずるい人にとってはカモになるのである。純粋で人を信じることは悪いことではない。

騙されて生きてきたということに、誇りを持っていいときもある。

ある親子はまともなぶつかりがない。何かを言うことはトラブルになると思っている。

そこで○○ちゃんは集団の中で自分の意見を言えない。気の弱い母親は○○ちゃんを守っていない。

すると今度は先生がその子のその性格を見ただけで、「万引きする仲間に引き込まれる」と言った。

母親はエネルギーがない。夫が嫌いである。

母親は嫌いな人にエネルギーを吸い取られている。

情感があるから、エネルギーを消耗する。ずるさがないから、エネルギーを消耗する。

情感が欠けていれば、状況さえよければいつも元気でいられる。しかしそれが必ずしも望ましいというわけではないだろう。

したがってエネルギーを消耗してしまうという人は、必ずしも人として質が悪いというのではない。

生き方を身につければ豊かな人生を送れる。

どこから見るかで一変する「評価」

まさにコンストラクトの少なさは、人生をトラブルの連続とさせてしまう。

マズローが現実に適応することがもっとも望ましいのではないと言っている。例えば少年が近所の不良少年のグループに入らないほうが望ましいと言っている。その通りである。

ある父親が、娘が離婚して実家に戻ってきたときに、「私は子育てに失敗した」と言って私のところに相談に来た。

娘が離婚をした元夫は病的なほどのナルシシストである。もしこの夫と一緒に生活ができるということは、彼女自身が人と関われない性格ということである。

彼女は人とふれあいたいという気持ちがある。彼女にはコミュニケーション能力がある。

だからこそ彼女は強度なナルシシストの夫とは一緒に生活ができなかったのである。

もちろん彼女は彼を見損なったということはある。しかし人間誰でも人を見損なう。ことに人はナルシシストを見損なう。

ドイツの社会心理学者フロムはナルシシストについて次のように書いている。

「ある人にはきざっぽく、別の人には幸福そうで信じやすい、子どもっぽくさえ見えるような印象をあたえる微笑みや、紅潮の見られることが多い(注20)」

ナルシシストはもちろん自分にしか関心がない。他人には興味も関心もないから、他人の言葉を聞いていない。

ところがフロムが言うように如才がないと、この事実を隠す。そこを見分けることは難しい。「ことさら質問したり、関心を示してこの事実を隠そうとする(注21)」。

むしろこの父親は、別の視点から考えれば、娘の教育に成功していたと考えていい。

しかし父親は、結婚生活の苦しさに耐えている女はよくできた女、離婚する女はこらえ性がなくてダメな女という基準しかない。

このようにコンストラクトが少なくて硬直した見方で人を見て、判断している人は多い。

ある先生は自己主張の激しい生徒を評価する。たしかに人の言いなりになって自己主張できない生徒を見ると、そのような評価をする先生がいても不思議ではないと思う。

しかし自己主張を一方の極に、他方の極に人の言いなりというコンストラクトだけで人を判断するのもおかしい。

自己主張の激しい人は、別の視点から見ると強度のナルシシストであることが多い。自分のことしか考えられない。他人の心の痛みが分からない。自分が他人に迷惑をかけていることが分からない。

そうしたナルシシストを評価するというのもどうかと思う。

「忍耐強くて立派な人」も見方を変えると…

次の例は、コミュニケーション能力がない人を誉めてしまっている例である。

ある奥さんが病的なエゴイストである。その奥さんと離婚しないでいる夫を周囲の人は「忍耐強くて立派」と解釈する。

しかし病的なエゴイストの人と一緒に生活できるということは、その夫には人とふれあう気持ちがないということである。

そのご主人は奥さんとは感情的に全く関わっていない。だから一緒に生活できるのである。この夫婦は形の上で夫婦だけれども、心理的には夫婦ではない。形式的には同居しているが、情緒的には別居と同じである。

本来彼にコミュニケーション能力があれば孤独を感じて当たり前である。彼は冷淡で無表情である。

病的なエゴイストの奥さんと結婚生活を営んでいるこのご主人は、ネクロフィラスな人なのである。

ネクロフィラスとは、死を愛し、「法と秩序」が偶像の人達である、とフロムは言う。

ナチスの幹部であるアイヒマンにとっては、石炭を運ぶのもユダヤ人を流刑にするのも同じことであるという。

血も涙も通っていないが、一見すると礼儀正しくて社会的には問題がないように見えるのが、実はネクロフィラスな人達ということがある。

彼にとっては、奥さんは人間ではない。着せ替え人形と同じである。だから同じ屋根の下で生活できる。

死を愛するネクロフィラスと生を愛するバイオフィラスは大切なコンストラクトで

ある。

このコンストラクトがないために人は、人の解釈を間違える。

コンストラクトが多いということは、例えばフランクルの「充足と絶望」、「成功と失敗」という考え方を知識として知っているということではない。

自分が関わった人を解釈するときに、そう解釈できるということである。そしてその結果、トラブルを処理できるということである。

長所はそのまま短所であり、短所はそのまま長所でもある。

「強くなければ生きていけない、優しくなければ生きている意味がない」という有名な台詞《せりふ》がある。強くて冷たくて成功している人もいる。弱くて優しくてノイローゼになる人もいる。たしかに強くなければ世俗の中では生きていかれない。しかし強ければ、それでいいというものでもない。

コンストラクトが多いということは、視点が多いということでもある。

弱くて優しくてノイローゼになった人に「もっと強くなければダメじゃない」と言うのは、ある視点から言えば間違っているし、別の視点から言えば、その通りであろう。

深刻な劣等感を持っている人は、視点が少ない。社会的に優れた能力を持っているかどうかという視点しかない。視野が狭いというのが劣等感の特徴である。

つまり深刻な劣等感を持っている人は、社会的成功と失敗というコンストラクトしかない。

その人の〝表面〟に惑わされないこと

コンストラクトの少ない人は、他の人がたくさんのコンストラクトを持っているということが理解できていない。だから自分一人で得意になっていたり、一人で勝手に落ち込んでいたりする。

人から尊敬されていないのに、尊敬されていると錯覚したり、バカにされていないのにバカにされていると錯覚したりする。

先にフランクルの「充足と絶望」、「成功と失敗」という軸について述べた。それと同じで私が重要なコンストラクトと思っているのは、フロムの「生産的な構え」と「非生産的な構え」である。

非生産的な構えとは、例えば搾取タイプの人とか、受容的構えの人である。

受容的構えとは、自分で自分の価値が感じられなくて、他人から嫌われることを恐れているような人の心構えである。

非生産的構えの人は、生産的なことにはどうしてもエネルギーが使えない。憎しみの感情を始め、非生産的な生き方に隠されているエネルギーは、フロイトやフロムの言う近親相姦願望やナルシシズムに内包される情熱である。

人生は困難に満ちている以上、生きていくのにエネルギッシュなことはたしかに望ましい。しかしエネルギッシュであれば、それでよいというものではない。

非生産的な構えの人がエネルギッシュで、生産的な構えの優しい人を打ち倒したからといって、それを賞賛するのはおかしい。

この場合には人間性という視点からすれば、エネルギッシュな人は決して望ましい人ではない。

フロムは成長の症候群と衰退の症候群ということを言っている。

衰退の症候群の要素は、ナルシシズムとネクロフィラスと近親相姦的願望である。成長の症候群の要素はそれぞれに反対のことである。

例えばネクロフィラスとは死を愛することであるが、それに対するのは生を愛するバイオフィラスである。

一方の極にネクロフィラス、他方の極にバイオフィラスというのも大切なコンストラクトであろう。

その人が生を愛しているのか、死にひかれているのか。まさに人生では「それが問題である」。

その根源的なコンストラクトなしに人を判断してはいけない。

ナチスの幹部は恍惚として死体に見とれていたという。死を愛しているネクロフィラスな人達である。

ネクロフィラスな母親は、「子どもの喜びには無反応で、子どもの内部に育ってくる新しいものには何ひとつ気づかないのである」(注22)。

しかし、しつけには厳しい母親であるかもしれない。しつけに厳しい母親を見て、その中にネクロフィラスな要素を見逃せば、その人を正しく判断できない。

子どもの喜びに無反応だということは、「子どもの生の喜びと成長に対する信頼感を窒息させ」(注23)る。

そのことは表面的には分からない。社会的に破壊するとか、肉体的に破壊するとかいうことは見えるが、心の破壊は目に見えない。

その人がどのようなコンストラクトを持つかということは、その人のパーソナリティーを表現する。

例えばネクロフィラスな人には、一方の極に「殺す力を持つ人」と、他方の極に

「この力を欠如する人」がいる。フロムはネクロフィラスな人にとってこの二つの生があるだけだという。

力強き者と無力な者である。恐ろしく少ないコンストラクトである。

そしてもちろんネクロフィラスな人は力強きものを愛する。殺す人を愛する。ヒトラーを愛した人々がこういう人達であった。

衰退の症候群というと、その語感から何か淋しく落ちぶれて、押し黙っているような人を想像するかもしれない。

しかし決してそうではない。時に表面的に見ると極めてエネルギッシュで、普通の人は圧倒されることがある。

衰退の症候群とはあくまでも心の世界での話である。社会的な活動の話ではない。衰退の症候群の人がものすごい上昇志向でエネルギッシュで、社会的にはバリバリに元気であるということもある。

それはネクロフィラスなエネルギーと、ナルシシズムのエネルギーと、近親相姦的願望のエネルギーがあるから、時にすさまじいばかりのエネルギーの爆発になる。

しかしそれはすべて、愛のない優しさのない非生産的な構えのエネルギーである。

ナチスの幹部も皆エネルギッシュであったろう。

「テロリストはなぜあんなにエネルギーがあるのか？」と聞いた人がいる。

それは衰退の症候群のエネルギーである。それは自立した人の前向きのエネルギーではない。

だからこそコンストラクトの少ない人は、人の解釈を間違えるのである。コンストラクトが少ないと、どうしても表面的にものごとをみてしまう。

コンストラクトを増やすためには、何よりも人の心を見る訓練をすることである。ネクロフィラスな人や、ナルシシストは時にエネルギッシュであるから、普通の人は、そのエネルギーに圧倒されてしまう。そしてその人を見損なう。

そのものすごいエネルギーが、死を愛するマイナスのエネルギーであるということを理解できない。

エネルギッシュだけれども質の悪い人というのが世俗の中にはたくさんいる。

一方の極にネクロフィラス、他方の極にバイオフィラス、一方の極にナルシシズム、他方の極に愛というようなコンストラクトがないと、どうしても人の解釈を間違える。

表面的には仲がよい夫婦である。夫は会社でエリートコースを歩んでいる。エネルギッシュによく働く。そんな夫を「尊敬」している妻がいる。表面的に見れば、まるで理想の夫婦である。

しかし夫は冷淡で血も涙もない。出世のためなら友達であろうが、世話になった上司であろうが、恩師であろうが、平気で裏切る。だからこそ出世もする。

夫は「殺すことに喜びを感じる」ネクロフィラスな人である。しかしネクロフィラスな傾向は表には出ない。その場その場しか接しない人にはなかなか分からない。

実は妻もまたネクロフィラスな人なのである。ネクロフィラスな人には二つの生しかないとフロムが言ったことは先に述べた。

「殺す力を持つ人とこの力を欠如する人(注24)」である。そしてもう一つ注目しなければならないのは、ネクロフィラスな人は「殺す人を愛し、殺される人を蔑視する(注25)」ということである。

普通の人はネクロフィラスな人のこの冷酷さについていけない。しかしネクロフィラスな人はこの冷酷さを愛する。それが力だからである。

夫は力のない同僚を蹴落とし、上司を踏み台にして階段を上る。妻はこの夫の力を愛し、蹴落とされる同僚を軽蔑する。

ネクロフィラスな妻は「殺す力のある」夫を愛している。そして「家の夫はよく働く」と自慢をする。

一見夫婦円満に見えるから、子どもの保護者会などでは、そう受け取っている人が多い。

しかし物が見えたら、彼らの発想は逆である。彼らは社会的な階段を一つ一つ上がってきていると信じている。しかし階段を上がっていない。

物が見え、普通の人になったら、「あー、いろいろと人を傷つけたなー」と思う。

生を愛する傾向と死を愛する傾向

先に離婚をした娘のことで相談に来た父親の話を書いたが、表面的にみればこの人達は逆である。

しかし離婚をした娘は生を愛し、今取り上げているこの女性は死を愛している。

結婚と離婚というコンストラクトしかない人と、ネクロフィラスとバイオフィラスというコンストラクトのある人では、世界は違って見える。

表面的に仲がよく見えれば、それでいいというものではない。

生を愛している者同士が仲がよくて、初めて仲がよいということに意味がある。

もちろんこの夫婦も、夫がエリートコースからはずれてくれれば話は別である。

ヒトラーが勝利に酔っているときには敵を破壊することに満足していたが、戦争の末期にはドイツ民族の破壊を見つめることに満足していたという。(注26)

この妻も、夫が社会的につまずけば、尊敬は軽蔑に変わるであろう。

フロムは衰退の症候群を悪の真髄と述べている。(注27) 表面的に人を見る者は、悪の本質を見逃してしまう。だから大トラブルに見舞われる。

死を愛する傾向と、生を愛する傾向とは、生きることにとって根本的なコンストラクトである。

死を愛するとか、生を憎むというと、何のことかと思う人もいるだろう。しかしすくすくと成長する幼い子どもが嫌いな人がいる。かわいい動物を虐待する人がいる。人の失脚を願ってスキャンダルを流す人がいる。残虐な映像を見る人もいる。いじめ依存症の人がいる。人のもめごとが好きですぐに首をつっこんでくる人がいる。「対岸の火事は大きいほどおもしろい」という言葉もある。見物渋滞という言葉もある。

いじめられている人をかわいそうだと思うのでなく、いじめている人を応援する人がいる。

有名人のスキャンダルが載っている週刊誌を喜んで読む人がいる。人の不幸がたまらなく嬉しい。

テレビには流す必要のない残虐な事故現場の映像が流れることがある。好んで見る人がいるからである。残虐なテレビゲームが売れる。

死を愛し、生を憎む人は世の中にたくさんいる。

「いろいろな見方」を身につけると人生は変わる

また相手を見るときではなく、自分を考えるときにも自分のコンストラクトがどうなっているかを理解しなければならない。

自分は相手を見るときに相手の何を見ているか。

この人は頭がいい人か悪い人か？　あるいはずるい人か誠実な人か？　あるいは生命力の低下した人か生命力の豊かな人か？　あるいは成長型の人か退行型の人か？　あるいはどこの大学を卒業しているのか？　あるいはおしゃれな人かさえない人か？

数限りないほどいろいろな見方があるが、私達は案外わずかな基準で相手を判断しているかもしれない。

自分のコンストラクトが少なければ少ないでそのことを反省することである。つまり先にも書いた通り、人は正常に成長するに従ってコンストラクトは多くなるのであるから。

まずコンストラクトの少ない人は、「自分は権威主義的な親に育てられていないか？」と自分に問いかけてみることである。あるいは自分は自己喪失していることに気がつかなければならない。自己喪失していれば、世間で優勢なコンストラクトに圧倒されて、それしか頭にない。

人を見るときに「利口－バカ」というコンストラクトしかない人がいる。この人の場合すべての人は頭のいい人と頭の悪い人に分けられてしまう。誰に会っても「あの人、頭がいいの？」と聞く。それしか関心がないのである。テレビを見ていても「この人、どの程度の頭かしら？」と、そればかり聞く女性がいた。

今の日本は社会全体としてコンストラクトの数が少ないから、人々が「頭がいい人と思われたい」と言う。そこでそうしたタイトルの本が出版されて、売れる。

コンストラクトの多い人には寛容さがある。人生を肯定的に生きている。

人を殺す人にもいろいろいる。残虐な人もいるし、利益に目がくらむ人もいるし、恋人に誠実に尽くして裏切られて頭に来る人もいる。

コンストラクトの多い人は事件があったときに「何かあったんだろうか？」と思ってその人を見る。

とにかくコンストラクトをたくさんつくっていくなかで「人の違いに気がつく自分」をつくっていかれる。これが相手を見るということである。

2 「人をひとくくりにしない見方」を身につける

人の違いに気がつくと「偏見」がなくなる

人はそれぞれ違う。

そこで「この人と、あの人とはどこが違うか？」という視点で人を見る訓練をする。ランガー教授は、違いが理解できるようになれば偏見からも解放されると述べている。

違いを識別する能力は大切な能力である。私達は人をある分類で見ないで、個人として見、できるだけ区別してみることにすれば偏見からも解放される。

コンストラクトの多いか少ないか、人の違いが分かるかどうかは、人に関心があるかないかでもある。

例えば食べ物でも、リンゴはリンゴと思っている人がいる。リンゴに興味があって、つくってみたい人がいる。どれが一番おいしいか考えるだろう。そうすれば、それぞれのリンゴの味の違いが問題になる。

その人にとってリンゴはどれも同じリンゴではない。リンゴを描いて見たい人はリンゴの全体を見てリンゴを判断する。これが関心である。

「これリンゴだよー」「あーそうですか」、「リンゴは何ですか」「甘いでーす」と言う人はリンゴに興味がないから、それぞれのリンゴの違いが分からない。

「あの人は太った女性である」としか見ない人は偏見の人である。太った女性にもいろいろいる。心の優しい人もいれば冷たい人もいる。

それよりも太り方にもいろいろある。その人の自然の体重で太っている人もいるし、自然の体重からだいぶ太りすぎている人もいる。

自然の体重で太っている人は健康であるのだから何も痩せる努力をする必要はない。

心理的に問題を抱えているから太りすぎている人もいる。つまり太っていて健康な人もいるし、太っていて不健康な人もいる。そして太っていることを気にしている人もいるし、気にしていない人もいる。

世の中には「太った女性」を一括して「かくかくしかじかである」と見る偏見の人がいる。

そのような人は自分自身についても正しく理解していない。

例えば妙な劣等感などを持っている。典型的なのは○○大学を卒業しているとか卒業していないとかである。〇〇大学を卒業して冷たい人もいれば、やさしい人もいる。創造性のある人もいれば、硬直した考え方しかできない人もいる。

ランガー教授は、このように違いを識別できることを「マインドフルネス」と言っている。

人の違いが分からないで、人とコミュニケーションしようとしてもうまくできないだろう。

今自分が遊んでいる人は犬なのかネコなのか分からないで遊んでいるようなものである。お互いに楽しく遊べるわけがない。

今自分が話している相手がリスなのか小鳥なのか分からないで話していれば、話が通じないのが当たり前である。

人の違いに気がつく自分になった結果として、自分の弱点や長所に気がついていくことになる。コンストラクトをたくさんつくる、これが自分の弱点や長所に気がついていく具体的な方法である。

ただこのようなことは言うのは易しいが、実行は難しい。というのは、心に余裕がなければならないからである。

心に余裕がないと怖くて、コンストラクトを増やせない。心に余力がある人が、人の違いが分かる。コンストラクトが多くなる。

お金持ちか貧乏かというコンストラクトしかない人が、コンストラクトを増やしていくとどうなるか。

もし自分がお金持ちであることを得意になっているとする。そうなればコンストラクトを増やすことは怖い。

事実、世の中にはお金持ちか貧乏かだけで人を見ている人がいる。コンストラクトの少ない人である。

お金持ちにもいろいろいる。冷たい人もいるし、優しい人もいる。利己主義者もいれば親切な人もいる。

コンストラクトの少ない人は怯えている。コンストラクトの少ない人は怖くて相手を見られない。相手を見る力がない。だからコミュニケーションできない。

コンストラクトの多い人は心に余裕がある。

幸福になる人は相手を幅広い基盤の上で評価している。それがまた相手に自信を与える。

「人生の選択肢」を増やして危機を乗り切る

現実に立ち向かうことを怖れていると、コンストラクトは多くならない。

コンストラクトの多い人は、こだわりが少ない。

コンストラクトの少ない人は、何かあるとすぐに挫折する。ぶつかると他の道に行けない。

コンストラクトの少ない人は、困難に際して発想の転換ができない。選択肢が少ない。

恋人に捨てられたら、次の道が見えてくる。それはコンストラクトの多い人である。石につまずいたときに、「運が悪い」とだけ解釈していたのではコンストラクトは増えない。

「独りよがりな言動のために悩みがさらに深刻化する」(注28)

成長型の人は「これでいい経験をした。これからこういう失敗をしないようにしよう」と思う。

そういう経験が積み重なってコンストラクトが増える。相手を見る眼もできてくる。

人とのコミュニケーションもできるようになる。

トラブルが起きても、コンストラクトの少ない人は、納得のいく解決ができない。

離婚や仕事の失敗で長く苦しむのはコンストラクトの少ない人である。

人生の危機に際して人は、コンストラクトを増やすか、既存の少ないコンストラクトにしがみつくかの選択をせまられている。

自分が変わって、危機を乗り切る人もいる。自分が変わるとは、一つには自分のコンストラクトを増やすということでもある。

また成長とは、一つには相手のコンストラクトに気がつくということである。(注29)

相手のコンストラクトに気がつく人がお互いに向き合っているときがある。心の通路が開かれて接しているということである。

他人が自分のことをどう思っているか気になる人へ

コンストラクトを増やす作業をすることの利点は他にもある。

他人が自分のことをどう思っているかを気にしている人は、悩みが多い。コンストラクトを増やす作業をすることでその悩みの解決につながる。

そしてあまりにも他人が自分のことをどう思っているかを気にしているから、実際に他人はどのような人間であるかをほとんど見分けていない。

また自分がどのような人間であるかもほとんど気がついていない。

つまり自分が気にしている、その相手が、弱い性格なのか、強い性格なのか、卑怯な人なのか、誠実な人なのか、リラックスしている人なのか、神経質な人なのか、自分の考えがきちんとあって生きている人なのか、周囲にすぐに影響される人なのか、そのようなことを全く考えないで、ただ「その人は自分のことをどう思っているか、その人は自分を嫌わないか」と悩んでいる。

そこで実際にこのようなコンストラクトを増やす作業をすることで、自分の目をいやおうなく他人に向けていくことになるし、自分がどのような人間であるかも考えるようになる。

さらにこのような作業をすることで他人との関係がうまくいくようになる。まず自分と他人との適切な距離がとれるようになる。

他人が自分のことをどう思っているかを気にしている人は、相手の言葉や態度に敏感に反応しすぎて、感情的に他人に過剰に巻き込まれる。

ところがこの作業をすると、相手はどのような人間かということで相手を見るから、距離ができる。相手の価値観を今までよりもっと理解できる。相手を決め込まなくなる。

「あの人は男性同性愛者だ」ということで皆同じに見る人は偏見にとらわれる。ホモセクシュアルでも服装のセンスのいい人もいるし、センスの悪い人もいる。働き者もいるし、怠け者もいる。卑怯な人もいるし、誠実な人もいるだろう。

もっと略して言えば、人は成長するに従って一般的に視野が広がる。他人をいろいろな視点から見ることができるようになり、その結果、他人との関係がうまくいくようになる。

そして自分をいろいろな視点から見ることができるようになり、自分に自信がつく。つまり人をこうだと「決め込む」ことがなくなる。

「あいつはくだらない奴だ」と決め込む人がいる。「お前は幸せだ」と決め込む人がいる。「あいつは小物だ」と決め込む人がいる。「あなたは先生に向いている」と決め込む人がいる。

そのように人を決め込む人は、その人のそれ以外の面は見ていない。

自分の価値が脅かされないように他人を解釈して、それをその人のすべてと決め込む。

自分のものの見方に固執しないこと

自分の周囲にいる人を解釈するときに、細かい違いにまで目が行く人がいる。

それが心の通路の広い人である。

細かい違いにまで目が行かない人がいる。

それが心の通路の狭い人である。

アフガニスタンでタリバンは、二〇〇一年三月にバーミヤンの二体の石仏を完全破壊した。タリバンにとってコンストラクトは、イスラム原理主義者かそうでないかの一つしかない。

世界で最も怖れられているテロリスト、オサマ・ビンラディンは、サウジに説得に来た兄弟を「異教徒だ!」と怒って返したという。

これも「イスラム教か異教徒か」の一つのコンストラクトしかない。

彼のように「異教徒かイスラム教か」というような善悪の判断基準がひどい人は憎しみがある。

憎しみのひどい人といるとコンストラクトは増えない。

一般的に言えば、イスラム原理主義に限らず過激派とはコンストラクトの少ない人である。狂信的信者とはコンストラクトが極端に少ない。

それは過激派とは心は不満だが、その不満が信念という仮面をかぶって登場してきたものだからである。

おおらかさとか寛容が信念と結びついたときは、信念の人もコンストラクトは多い。

イスラム原理主義の人は、おそらくイスラム原理を信じて実行している人か、そうでないかのコンストラクトしかないであろう。

「悪口を言うときにはあいつがいい」と言う仲間がいる。お互いに自分の感情を吐ける。

同じ世界で生きてきた。お互いに劣等感を持っている。一緒になって、ある種の人々を軽蔑をする話ができる。

しかし実はお互いに接点がない。お互いに自分の話をしているだけ。お互いに気が合うと思っているが、価値観が同じというだけ。

いろいろな見方ができる人なら、自分の行動を相手がどのように受け取ったかを理解できる。しかし自分の見方に固執する人は、そこで他人とイザコザを起こす。その極端な例がテロリストである。

先にも書いたように、コンストラクトは成長するに従って増える。しかし抑圧のある人は心理的に成長できない。したがってコンストラクトも増加しない。

職場を始め、家庭でも、学校でも、地域社会でも、どこでもトラブルを起こす人は、やはりその大きな原因が自分の心の中にあるという反省をする必要があるだろう。

「善と悪」だけで人を判断すると、どうなるか

英語でコンストラクトの数の少ない人のことをcognitive simplicityという。それに対してコンストラクトをたくさん持ち、細かい違いまで分かる人はcognitive complexityと言う。

ケリーは例えば最もcognitive simplicity(注30)の人は、人を解釈するときに「善と悪」というコンストラクトしかないと言っている。

こういう人は生きるエネルギーがない。もう細かくものを見る余裕がない。物事に興味がない。何をするのも面倒くさい。人に関心がない。とにかく自分のことで精一杯。

そしてコンストラクトの多い人は矛盾した情報にも心が開かれているという。(注31)つまり「あの人はこういう人だ」と思っていても、それと矛盾する情報も受け入れる。

コンストラクトの少ない人は矛盾した情報に開かれていない。つまりそういう情報は拒否してしまう。偏見のある人は、自分の考えと矛盾する情報も受け入れない。

コンストラクトの少ないことをエレン・ランガー教授の概念で言えば「マインドレスネス」ということである。

いったんアメリカは悪いとなれば、何がなんでもアメリカは悪いということを信じ続ける。

そして cognitive complexity の人のほうが、cognitive simplicity の人よりも感情移入ができる。

cognitive simplicity な人は他人との心のふれあいのない人であろう。心がふれていれば個々の老人の違いに気がつく。個々の老人とふれていないから、年寄りは皆同じに思える。

心がふれあっていなければ皆同じで不思議ではない。双子であっても相手とふれあっていれば、また相手に関心があれば、やはり顔が違うということに気がつくであろう。

相手と心のふれあっているビジネスパーソンは、上司は上司でもその違いが分かる。

そこでトラブルが少なくなる。

母親は自分の子どもと心がふれあっていなければ、この子は勉強ができないという、子ども一般の判断基準でしか見ないであろう。


ランガー教授の「マインドフルネス」という言葉を借りればマインドフルネスな人は新しい情報に開かれている。

コンストラクトの多い人は、心の通路が広い人である。

矛盾した情報を受け入れられるのは、怖いものがないからである。

そういうコンストラクトの多い人達は、相手のことを自分に置きかえる能力がある。

だから矛盾を受け入れられる。自分だって悪いことをするし、良いこともする。

若い女性でも自信のある人もいれば、神経質な人もいる。愛らしい話し方をする人もいれば、先生のような話し方をする人もいる。
cognitive complexity の人はその違いを見分けられる。その細かい違いを識別できれば女性の多い職場での人間関係はずっとスムースになる。

上司で部下の細かい違いを識別できない人は、部下とのコミュニケーションがうまくできていないだろう。そこで仕事もギクシャクしているだろう。

そういう上司は部下を働かせるという点で失格である。違いが識別できればこそ、「この仕事は、あの人だな」と適材適所を実行できる。しかし細かい違いを識別できない上司は「この仕事をあの人にやらせても無理だよ」というような人使いをする。

恐怖感があれば部下は分からない。

ちょうど食べ物でおいしいものもまずいものも同じにしか感じない人もいれば、細かい味の違いを味わい分ける人もいる。

恐怖感があれば分からない。

コーヒーにもいろいろなコーヒーがある。ワインに至ってはその専門家が訓練される。しかしアルコールの飲めない人にはワインはワインでしかない。

そして『Personality』という著書によると、年齢が上がるに従って人を解釈するときに細かい違いにまで目が行くようになるという。また他人の持っている視点に気がつくようになるともいう。

つまり、他人が自分や周囲の人や人生や世の中をどう解釈しているかに気がつくようになる。(注32) また感情移入ができるようになる。砕いて言えば人は年をとるに従って思いやりができるようになる。

先に挙げた著書の中に革命の指導者の資質の話が出ている。アメリカの場合と、ロシア革命と、中国の革命と、キューバの革命を調査したところ、次のようなことが分かった。

革命を成功させる指導者はコンストラクトの数が少ない。しかし革命後をうまく指導できる指導者はコンストラクトの数が多い。

オマール・ハッサンとかオサマ・ビンラディンのような人達は独裁的集団を作り上げるまでは才能を発揮するが、その独裁的集団をこの複雑な国際社会で維持する能力はないのであろう。

憎しみがあればコンストラクトは少ない。

徳川家康はコンストラクトが多い。信長は少ない。

でき上がった大企業を経営できる人のコンストラクトは多いが、おそらく初期にそれを猛烈な勢いで作り上げる指導者は必ずしもコンストラクトの数が多くなくてもいいのだろう。

どのような人物が国際危機の外交交渉にあたるかは重要なことである。危機に際して、外交交渉の結果最後には戦争になってしまった指導者よりも、最後には戦争にならなかった外交交渉を行った指導者のほうが cognitive complexity であると解説している。(注33)

イスラエルとアラブ諸国の国連総会における演説を調べてみると、一九四八年、一九五六年、一九六七年、一九七三年の中東戦争の前の方で complexity はかなり減少する。

すべての局面に適したスーパーマンはいない。自分がどの局面に適しているかを弁えることが自分の持ち味を活かす秘訣である。

ところが劣等感の強い人はすべての局面で自分を誇示しようとするからつまずく。

この分野での調査研究は多いのであるが、フィリップ・テットロックという人がアメリカとイギリスの政治家について演説を調査をした。

すると極端な政治的思想を持っている政治家は演説にコンストラクトの数が少ない。

それに対して中庸な政治思想の持ち主はコンストラクトの数が多い。

「自分に都合のいい人」ばかりつきあう危険

コンストラクトを増やすためには誰とつきあうかが大切である。つきあう人を考えることである。

純粋培養で育った人はコンストラクトが少ないことが多い。今の日本の官僚が自殺する原因の一つは彼らが純粋培養で成長してきているからではないかと私は思っている。

また軍隊生活のような生活をしている権威主義的家庭生活の中で育った人はコンストラクトが少ない。

だいたい問題を起こす「いい子」は軍隊的生活で、純粋培養で成長してきている。コンストラクトを増やすためには、さらに自分に都合のいい人ばかりとつきあっていてはいけない。極端に心地よくしてくれる人は危険である。コンストラクトを増やすこと、それがいわばコミュニケーション能力を養うための中級コースである。

いろいろな見方ができる人なら、自分の行動を相手がどのように受け取ったかを理解できる。しかし自分の見方に固執する人はそこで他人とイザコザを起こす。その極端な例がテロリストである。

先にも書いたようにコンストラクトは成長するに従って増える。しかし抑圧のある人は心理的に成長できない。したがってコンストラクトも増加しない。

どこでもトラブルを起こす人は、やはりその大きな原因が自分の心の中にあるという反省をする必要があるだろう。テロリストがこの反省をしてくれれば人々はもっと心安らかに暮らせるのであるが、それは期待できない。

テロリストの最大の問題は「なぜ自分達の主張が多くの人の共感を持ち得ないのか？」ということを見つけだそうとしないことである。

たった1つのコンストラクトに振り回されていませんか

悩んでいる人は極端な言葉が多い。それはうつ病者の特徴でもある。

「私は中学までは人気者だった」

「今は誰も私を愛してくれない」

とにかくこのように決めつける。

コンストラクトが少ない。

例えば「人気がある－嫌われる」「愛される－愛されない」。

このコンストラクトが重要である。ということは他人が重要ということでもある。

詳しく言えば他人が自分をどう思っているかが重要ということである。

コンストラクトシステムは歳と共に増加していくのに悩んでいる人はコンストラクトの増加がない。

受験で悩んでいる人はコンストラクトとして「頭がいいか、悪いか」しかない。小学校から大学までコンストラクトは一つ。

「楽しいときには独善的であってもよいが、悲しいときには他人の意見に耳を傾けるべきである。(注34)」

ところが人は、楽しいときには他人の意見に耳を傾けるが、悲しいときには独善的になる傾向がある。

人にはそれぞれに幸せの道があるのだが、悩んでいる人は自分の道が分からないのである。

それは視野が狭いからである。その視野を広げる方法の一つがコンストラクトを増やすことである。

慢性的に不満な人にとって、重要なのは意識の世界ではない。無意識の世界である。

しかし残念ながら無意識の世界の問題が深刻なら深刻なほど「私は問題ない」と言

い張る。

無意識を意識化するには視野を広くすることが必要である。

この章はいかに視野を広げるかという具体的な方法である。

視野を広げるということは自分を変えるということでもある。

したがって言葉で「視野を広げる」ということは簡単であるが、実際に視野を広げることは難しいことである。

コンストラクトの少ない人はきっちりとスケジュールが決まっていないと不安な人である。怖いものを見たくない。

レストランに入ったら必ずビーフシチューを注文する。同じお店で同じお総菜を買う。

定年でノイローゼになる人はコンストラクトが少ない。定年の不安をなくすために、コンストラクトの多い人になる。

3　人生がうまくいく「マインドフルネス」な自分になる

人を決めつけないこと

ケリーの言うコンストラクトの豊富なことは、ランガー教授の言うマインドフルネスなことであろう。

ランガー教授は、マインドフルネスな態度は人生における葛藤を目に見えて減少させると述べている。

逆に「決めつける態度」は人生のトラブルを目に見えて増大させる。

マインドフルネスとは柔軟性である。つまり憎しみを抑圧していない。マインドフルネスの人には知恵がある。

マインドフルネスとは、肉体的なことで言えば血液をサラサラにしておくようなものである。

そしてケリーとランガー教授、どちらからも言えることは、それらが人間関係を円滑にし、人生を生きやすくするということである。

そうした点でまさにテロリストはコンストラクトが少なくて世の中とトラブルを起こす典型的な人達である。

テロリストはおそらく極端にマインドレスネスな人であろう。

いつも人間関係でトラブルを起こしている人は「私はテロリストの予備軍ではないか」と反省してみることである。

そのマインドフルネスとマインドレスネスをランガー教授の定義に従って考えてみたい。

まずマインドフルネスとはどういうことであろうか。

①　新しいカテゴリーの創造

人を見るときに「あの人は教授」という見方しかしない人がいる。コンストラクトが一つしかない。

いつも怒っている教授もいれば、満足して笑顔でいる教授もいる。

昔まだ車を持つことが経済的その他でたいへんな時代に「あの人は車を持っている人」「持っていない人」という人の見方しかできなかった人がいる。

車を持っていても料理の味の分からない人は、料理の好きな恋人にとってつまらない存在だとは想像もできない。

② 新しい情報の積極的な受け入れ

偏見のあるパーソナリティーではない。

コンストラクトの多い人は矛盾した情報にも心が開かれている。

コンストラクトの多いことをランガー教授の概念で言えばマインドフルネスということである。

③ 多面的視点から物事への認識

肉体的には脳梗塞になるのを避けようとすれば、肉よりも魚を食べるとか、予防には薬を飲むとかして血液をサラサラにしておく。

神経症は肉体的に言えば脳梗塞のようなものである。心の血液をサラサラにしておくのが、マインドフルネスでいることである。

心臓病には敵意がよくないが、心の脳梗塞にも敵意はよくない。

多面的視点から物事を認識できるということは、相手の立場からものを見られるということでもある。当然トラブルは少なくなる。

自分にとらわれている人はトラブルが多い。

髪型が嫌いだけれども人格は好きだよ。

相手をそう見ている人のほうが、相手との関係はうまくいくだろう。

「不快な感情をコントロールする能力は、精神の幸福を得るカギだ(注35)」と言われる。

そして不快な感情をコントロールする能力とは、まさにマインドフルネスであることである。つまり視点が多いことである。

今の不快な感情を違った視点から見られることである。

かつて「EQ」という名前で日本人の関心を引いたダニエル・ゴールマンは、その著書の中でマインドフルネスが自分の感情をマネージすることを助けると書いている(注36)。

先入観・固定観念にとらわれないこと

次にマインドフルネスとはどういうことであろうか。

マインドフルネスは三つの面がある。

第一が「カテゴリーによるとらわれ」である。

カテゴリーで見るということは、相手を見ないということである。

あの人はエリート・サラリーマンであるという見方は相手を個人として見ていない。

だからマインドレスネスな人はトラブルが多い。

エネルギッシュな人はカテゴリーで人を見ない。一人一人を個々別々に見る。

人は看板を求めるときに元気でいられない。


第二に「何も考えないで自動的にする行動」である。

このことについては、私が訳したエレン・ランガー教授の著作（注37）から、趣旨を引用させてもらう。

コピー機を使っている人に、これこれをコピーさせてほしいと頼んだ。ランガー教授達は以下の三つの要求の中から、それぞれ一つを使った。

「すみませんが、コピー機を使ってもいいですか？」

「すみませんが、コピーをとりたいので、コピー機を使ってもいいですか？」

「すみませんが、急いでいるので、コピー機を使ってもいいですか？」

一つ目と二つ目の要求は、内容は同じである。最初の二つの要求は等しく効果的となるはずである。

だが構造的には、両者は異なる。「すみませんが、コピーをとりたいので、コピー機を使ってもいいですか?」は、要求を述べてその理由を挙げている点から、三つ目の要求「すみませんが、急いでいるので、コピー機を使ってもいいですか？」のほうに近い。

もしもあとの二つの要求に同じ数の人が応じた場合、これは内容に意識的に注目しているのではなく、構造に注目しているということになる。

理由が与えられたときのほうが──その理由が正当なものであれ、バカげたものであれ──応じてくれた人の数は多かった。

人々は内容にマインドフルに注目したのではなく、なじみのある構造にマインドレスに反応したのだ。

人々は要求を聞いていないわけではない。その内容を積極的に考えていないだけである。

こういった研究結果を大学のセミナーで話したときに、聴衆の中から同じようなやり方で行われたささいなペテンの話があった。ある人物がロサンゼルスの新聞に「誰々に一ドル送るのに遅すぎることはない」という広告を出して、その人物の名前と住所を記した。読者への見返りは何も約束されていないにもかかわらず、一ドルが同封された手紙がたくさん送られてきたという。以上がランガー教授の著作(注38)の中にある概略である。

私たちは、過去の自分で自動的に現在の自分を評価していることはないだろうか。深刻な劣等感のある人はほとんどそうした点があるのではないだろうか。

劣等感に苦しむ必要など全くないのに、深刻な劣等感に苦しんでいる人がいる。

あるいは何も考えないで自動的にする行動で、周囲の人に不快感を与えたりしていることがあるかもしれない。

それよりもコピー機を不当に先に使われるくらいのことはどうでもいい。

しかしこの「すみませんが、コピーをとりたいので、コピー機を使ってもいいですか?」というようなおかしなことに反応してしまう心理が大トラブルをもたらすことがある。

おかしなことというのはコピーをとるのがコピー機なのだから、それは他人が先に使う理由にはなっていない。

ある隣人同士のトラブルである。ある人が狭い道の奥に新しく引っ越してきた。昔からある隣の塀を壊せば、引っ越してきた人は車が出入りできる。

そこでそのご主人と不動産屋さんが次のように言った。

「○○さんにはご迷惑をかけません。ただちょっと車が通るときに○○さんの敷地の角を通らせてくださいというお願いです」

つまりよく内容を聞けば、隣の家の塀を壊して、隣の敷地を通って自分達の車が出入りするということである。もとから住んでいた住人にとっては大変な迷惑であるのに、自動的に「親切」にしてしまった。

そして引っ越してくる人と不動産屋さんに押し切られる。「迷惑をかけない」と言いながら塀を壊したら、とたんに隣人の車の駐車が邪魔だと騒ぎ出した。完全に舐《な》められたのである。被害者が加害者のように言い出されてしまった。

いずれにしろ理由にならない理由から大トラブルになることは多い。

当事者でないと、こうしたマインドレスネスな対応は信じられないが、当事者となった善良な人のマインドレスネスな態度は時に大トラブルを引き起こす。

このトラブルの場合も、ことの始まりはある人が家を建てるについて、隣の家の塀を一時的に壊させて欲しいと頼んできたことにある。

よく考えれば、普通の人なら隣の家の塀を壊させてくれとは頼めない。質の悪い人だから、元々塀を壊して直すつもりはない。

だからこそ「一時的に壊させてほしい」と言うのである。

マインドレスネスな人は、質の悪い人も普通の人も自動的に同じに対応してしまう。そして大トラブルを抱え込む。

第三に「一つの視点だけからの行動」である。

極端に解釈の基準が少ない人は、高齢な男性は皆同じに見えるし、若い女性は皆同じに見える。

高齢な男性は時代遅れで頑固、若い女性は時代の先端を行き変化に柔軟。そんな見方をする人がいる。

このような見方をする人の認識は「単純」である。この人達にとって、人の違いは年齢と性しかない。

高齢な男性で柔軟な発想ができる人もいれば、若い女性で硬直した発想しかできない人もいる。

ひどくなるとあの人は「有名大学卒だから幸せ」「そうでない人は不幸」という基準しかない人がいる。

「家族が一緒にいるから幸せ」「家族がバラバラだから不幸」という基準しかない人もいる。いつも一緒にいるが笑顔のない家族もあれば、ばらばらでも笑顔のある家族もある。

ある人を看板で見て最低と言うときには、自分の中に悪魔がいる。

「あいつは貧乏人だよ」と言うときに、自分はいくらお金があっても貧乏人。それはおそらくお金がないことをバネに頑張った人であろう。心の中はお金がない。

4　判断力を失わせる「マインドレスネス」に気をつける

仕事で大切なのは「人を見抜く力」

マインドレスが仕事に最も怖いのは、人を見分けることができないからである。仕事で何が大切かといって人を見抜く力である。極端な話、詐欺師を見抜けなければどんなに財産があっても、どんなに順調に仕事がいっていても、失敗する。

「この人は信用できない」「この人は信用できる」、これを見分けることができれば大方の仕事は順調に推移する。信用できない人を信用すれば努力しても努力しても、すべては水の泡である。稼いでも稼いでも、お金は貯まらない。

人の違いを見分けられるのがマインドフルネスである。ある有名大学を卒業している人は信用できるなどというステレオタイプの見方しかできない人は、長い間にはどこかでつまずく。仕事をしていくうちにどこかで人に騙される。

人のしぐさのちょっとした特徴、言い方のちょっとした違い、身につけているものの特徴、そんなものから人を見分けられる人はマインドフルネスである。それに対して、外側の履歴だけから人を判断する人はマインドレスである。マインドレスな人は最後には仕事が行き詰まる。

私の手痛いマインドレスネス体験

そういう私もマインドレスから仕事を何度か失敗している。アメリカに本格的に仕事と住居の拠点を設けなければならなくなったときである。いろいろな人と接することになる。

まず日本にいるときと同じ感覚で人と接したという間違いである。当たり前であるが日本人とアメリカ人では違う。価値観も違う。

私はそれまでにもずいぶんアメリカに住んだ経験があるし、アメリカにはずいぶん慣れているので、そこら辺は十分分かっている気持ちでいた。

それがそもそもマインドレスなのである。それまで自分は何年間アメリカに住んだことがあるという外側の経験から自分のアメリカ体験を考えた。それまで私がアメリカにいたのはあくまでも仮の滞在であった。拠点が日本であった。アメリカに同じ一年住むのにも、違いがある。その違いに気がついているのがマインドフルネスなのである。

ハーヴァード大学の研究員になったのはそれまでも何回かあった。初めになったのは一九七三年から一九七五年までの約二年間であった。それ以後も何度か同じような経験をした。

ところがそれまでは何年住んでもやはり一時的な滞在なのである。早い話、日本に比べてアメリカの家は値段的に安いのに、家は借りていて、買おうという気持ちはなかった。

接する人も限られていた。大学関係者が中心である。生活をしているから日常の生活のなかで接する人はいろいろな人がいる。しかしその関係に奥行きはない。たまたま買い物で接するだけである。

初めてまんまと騙されたのは不動産屋さんであった。この騙された体験は痛手であった。

まず日本の不動産屋さんと同じに考えるマインドレスである。それに今から考えるとマインドフルネスであったら騙されなかったと思う。つまりその不動産屋さんの行動におかしいところはたくさんあった。しかし私は気にとめなかった。

注意深く見ていればその不動産屋さんはおかしいことをたくさんしているし、おかしいことをたくさん言っている。後から考えればわかる。

注意深く人を見て、注意深く行動すれば詐欺にはあわなかったに違いない。身につけているものも不必要に高級品である。あるいは「いい物件がある」と言う、それを見せてもらおうと出かけると、「実はあの物件はもう売れているので、これから別の家を見に行こう」と、別のところに連れて行く。また不必要に親切をする。例えば日本の納豆を買ってくる。家の掃除を手伝う。

困っているときには人の助けが必要である。その助けをされるとつい信用してしまう。そこが敵の付け目なのであろう。昔日本のある若い証券会社の社員が「人が首を吊るときがお金が儲かるときなんですよ」と言っていたのを思い出す。

人は困っているときにはたしかに藁をもつかみたい気持ちになる。ゆとりのあるときには正しい判断ができても、追い詰められたときには近くにあるものは偽物でも何でもつかんでしまう。

詐欺をする人はその辺の人間の心理をよく心得ているのであろう。困っているとき、不安なとき、助けを必要としているとき、人はマインドレスの状態になる。自分が窮地に陥ったときには自分の周りにはハイエナが集まっているということに気がついていなければならない。

私はその損害を何とかしなければと弁護士に依頼したら、その弁護士にまた騙されてしまった。これもマインドレスなのである。

よく考えてみれば言うことはおかしい。「あなたが日本人であるという弱みにつけこまれたんですね、私が助けてあげましょう」という。

このときに「この人は危ない」とマインドフルネスだったら感じたであろう。

「あなたが日本人であるという弱みにつけこまれたんですね」と相手を非難することは自分もそうだということなのである。その弁護士も私が日本人で事情がよく分からないということを利用しようとしていたからこそ、そのような言葉が出たのである。

自分が相手の弱みにつけ込もうとする気持ちがあるからこそ、このように言葉巧みに近づくのである。もし私に余裕があり、マインドフルネスであったら、そこら辺のことには気がつき、「危険は起こる前に避けよ」とこの弁護士を解雇したであろう。

しかし私は逆にこの弁護士に守ってもらおうとしてさらに傷口を広げてしまった。

この弁護士も不必要に親切なところがあった。

なんと私は次々に三人の弁護士に騙されたのである。

「私は困ってます、助けてください」などと知らせたら、「おいしいご馳走がある」と悪徳弁護士がハイエナのようにたくさん寄ってくる。苦しくなるとついつい甘えが出てしまう。そこで騙される。

ランガー教授は、マインドレスネスのコンセプトを理解する一番いい方法としては、エラーをよく起こすけれども、滅多に疑いを持たない人達というような定義をしている。まさに私はマインドレスネスであった。

おわりに

何を言っても人は言うし、何を言わなくても人は言う。

それなのにトラブルに陥っているときでも、人が自分をどう見るかで対応を考える人がいる。

本文中にも少しふれたが隣人とのトラブルがよくある。ある善良な人は、隣に引っ越してきた隣人に家を一部壊されて、道では大声で事実無根のことで罵声を浴びせられてノイローゼになって入院してしまった。

相談を受けたので、そんなにひどい人ならこっちもマイクを持って家の前で「この人がいかにひどいか」を叫んだらと言ってみた。

トラブルのときに、搾取《さくしゅ》タイプの人からさえよく思われようなどとすれば、殺される。

人生にはいろいろな転機がある。トラブルのときなどもそれである。

そして多くの人はトラブルに苦しみながら「今度こそ一から出直そう」と思う。

しかし自分の根本が変わっていなければ、また同じトラブルに苦しめられる。もし人を判断する力がなければ、もう一度同じような種類の人と関わり合ってしまう。同じようなトラブルに陥る。

例えば人を見る視点が変わっていなければ、同じ失敗をする。

同じような一面的な視点を持っていては何度会社をかえても、同じトラブルに終わる。

根本が変わらなければトラブルの原因はある。根本が変わるとは、例えばもう化けの皮をつけないということである。

トラブル続きの人は、何度トラブルにあっても根本が変わっていない。

例えば人を見る目が変わらなければ年をとってもトラブルは同じである。根本が変わるとは、例えば淋しいからといって、嫌いという感情を殺して誘いに応じないということである。

だから生きることを恐れてはいけない。崖《がけ》から落ちる覚悟をする。

今までは心の葛藤に気を奪われて、相手を観察する能力がなかった。トラブルが少なくなるということは、その心の葛藤を解決して人を見る目ができるようになることである。

同じように、自分を偽ってトラブルになり何度会社をかえても、同じ結果に終わる。

大切なことは変わった新しい自分で新しい人生を切り開くことであり、それがトラブルを避けることである。

新しい自分にならなければ、本文中に書いたようなトラブル・メーカーがいつも近寄ってくる。搾取タイプの人間に狙われる。

新しい自分とは、例えば本文中にふれたコンストラクトを増やした新しい自分になることであり、マインドフルな自分になることである。

「もう、上の空で生きない」、それで心の位置が変わってくる。

人生でうまくことが進んでいるときにも、その理由を考える。それが明日のトラブルを避ける知恵である。また今トラブルに陥っているときにもその原因を考える。それも明日のトラブルを避ける知恵である。

人生にはいろいろなトラブルがある。問題はそこから何を学ぶかということである。

失業や離婚は誰にとってもトラブルである。

そして最もまずい対応は「こんな人と結婚するのではなかった」とか「あんな会社に行くのではなかった」といつまでも嘆いていることである。

対応を間違えるとトラブルは倍化する。

離婚で言えば今までよりもさらに相手への憎しみが倍加する。そして「許せない！」となる。

そのトラブルで一生を台無しにする人もいる。そして生涯、相手を恨んで死んでいく人もいる。

トラブルは対応を間違えればノイローゼになる。

フロムそのほかの人が言うように、人は自分の中に二組の力を持っている。

一組は恐れから安全や防衛にしがみつき、ともすると退行し、過去の母親の結びつきまで戻る。独立、自由、分離を恐れる。

もう一つは成長へ向かう。大切なことはトラブルに際して成長に向かうことである。

「トラブルは人格を成熟させるための、運命の強壮剤なのです(注39)」

「トラブルとは成長の物差しであり、他の何よりも、人生に意味を与えてくれるものです(注40)」

この本も今までと同じように青春出版社の野島純子さんにお世話になった。

加藤諦三

《注》

1 Albert Ellis, Ph.D. How to Live with a "Neurotic" at Home and at Work, 1975, Crown Publishers Inc. New York. 国分康孝監訳『神経症者とつきあうには』川島書店、一九八四年、六四頁

2 Karen Horney, Neurosis and Human Growth, W.W.N0rton & Co. Inc., 1950.

3 H. Jackson Brown, Jr. A father's Book Of Wisdom, Rutledge Hill Press.『父から子へ贈る人生の知恵』ＰＨＰ研究所、一九九五年

4 Karen Horney, Neurosis and Human Growth, W.W.Norton and Company, 1950, p.38

5 an exaggerated sence of time urgency

6 excessive competitiveness and achievement striving

7 Gordon W.Allport, The Nature of Prejudice, A Doubleday Anchor Book, 1958. 原谷達夫・野村昭共訳『偏見の心理　下巻』培風館、一九六一年、一六一頁

8 Harold D. Lasswell, Power and Personality, W.W. Norton and Company Inc., 1948. 永井陽之助訳『権力と人間』創元社、一九五四年、一一五頁

9 Rollo May, The Meaning of Anxiety, Ronald Press Company, 1950. 小野泰博訳『不安の人間学』誠信書房、一九六三年、二九八頁

10 Lawrence. A. Pervin, Personality, John Wiley & Inc., 1970. p.237

11 前掲書、p.239

12 前掲書、p.241

13 前掲書、p.241
14 前掲書、p.253
15 Gordon Allport, The Nature of Prejudice, A Doubleday Anchor Book, 1958, p.372
16 原谷達夫・野村昭　共訳『偏見の心理 下巻』培風館、一九六一年、一五四頁
17 David Seabury, How to Worry Successfully, Blue Ribbon Books: New York, 1936, 加藤諦三訳『心の悩みがとれる』三笠書房、一九八三年、二一〇頁
18 Ellen J. Langer, Mindfulness, Da Capo Press, 1989, 加藤諦三訳『心の「とらわれ」にサヨナラする心理学』ＰＨＰ研究所、二〇〇九年、九〇‐九一頁
19 樺旦純『ダマす人、ダマされる人の心理学』ＰＨＰ研究所、二〇〇六年、二〇八頁
20 Erich Fromm, the Heart Of Man, Harper & Row, Publishers, New York, 鈴木重吉訳『悪について』紀伊国屋書店、一九六五年、八七頁
21 前掲書、八六頁
22 前掲書、四六頁
23 前掲書、四六頁
24 前掲書、四二頁
25 前掲書、四二頁
26 前掲書、四一頁
27 前掲書、三七頁

28 David Seabury, How to Worry Successfully, Blue Ribbon Books: New York, 1936. 加藤諦三訳『自分が強くなる生き方』三笠書房、一九九六年、二一二頁

29 前掲書、p.253

30 Lawrence. A. Pervin, Personality, John Wiley & Inc., 1970, p.247

31 前掲書、p.247

32 前掲書、p.253

33 前掲書、p.248

34 David Seabury, How to Worry Successfully, Blue Ribbon Books: New York, 1936. 加藤諦三訳『自分が強くなる生き方』三笠書房、一九九六年、二一二頁

35 Daniel Goleman, Emotional Intelligence、Bantam Books, 1995. 土屋京子訳『ＥＱ』講談社、一九九六年、九四頁

36 Daniel Goleman, Emotional Intelligence, Bantam Books, 1995, p.48

37 Ellen J. Langer, Mindfulness, Da Capo Press, 1989. 加藤諦三訳『心の「とらわれ」にサヨナラする心理学』ＰＨＰ研究所、二〇〇九年

38 前掲書

39 David Seabury, How to Worry Successfully, Blue Ribbon Books: New York, 1936. 加藤諦三訳『心の悩みがとれる』三笠書房、一九八三年、二一三頁

40 前掲書、二一七頁

本書は二〇一三年に小社より四六判で刊行された『人とモメない心理学』を改題し、加筆・修正をしたものです。

青春文庫

「めんどくさい人《ひと》」の心理《しんり》

トラブルの種《たね》は心《こころ》の中《なか》にある

2017年2月20日　第1刷

著　者　加《か》藤《とう》諦《たい》三《ぞう》

発行者　小澤源太郎

責任編集　株式会社プライム涌光

発行所　株式会社青春出版社

〒162-0056　東京都新宿区若松町 12-1

電話 03-3203-2850（編集部）

03-3207-1916（営業部）

振替番号　00190-7-98602

印刷／大日本印刷

製本／ナショナル製本

ISBN 978-4-413-09664-5

ほんとうのあなたに出逢う◆青春文庫

日本人の9割が知らない
日本の作法
小笠原清忠
本来の作法は、動きに無駄がないから美しい！
小笠原流礼法の宗家が明かす、
本当はシンプルで合理的な「伝統作法」の秘密
(SE-660)

なぜ、魔法使いは箒で空を飛ぶのか
「魔法の世界」の不思議を楽しむ本
山北　篤［監修］
「杖」を使う理由は？
「魔法学校」は実在した？
ファンタジー世界を読み解くための道案内。
(SE-661)

手に取るようによくわかる！
他人の心理と自分の心理
おもしろ心理学会［編］
「感じのいいメール」を書く人の深層心理…
ほか気になる「こころ」の法則を
集めた、ハンディな人間心理事典。
(SE-662)

大人の教科書
日本史の時間
大人の教科書編纂委員会［編］
基礎知識から事件の真相まで
〝常識〟が楽しく身につく
教科書エンターテイメント
(SE-663)